AF212169

# Personal de Actividades Domésticas de la Diputación de Sevilla

**Noviembre 2025**

# Curso

*La diferencia entre aprobar
y sacar plaza*

# Personal de Actividades Domésticas

## DIPUTACIÓN PROVINCIAL DE SEVILLA

Si aún no dispones de tu **Curso MAD360**, te ofrecemos un acceso GRATIS de 30 días para que disfrutes de los siguientes recursos:

- Técnicas de Memoria 360.
- MADTEST: Test *online* Nivel PRO.
- Temario en formato digital.
- Vídeos.
- Esquemas.
- Planificación de estudio.
- Foro entre opositores hasta la fecha del examen.*
- Recursos y novedades exclusivas.
- Consúltanos sobre tu oposición y proceso selectivo.
- Actualizaciones legislativas (Boletines Oficiales) hasta 60 días antes de la fecha del examen.*

Para acceder a esta prueba del Curso MAD360** será necesaria la compra de todos los libros para esta especialidad de la edición 2025.

Regístrate en **mad.es/iniciar-sesion** y en la pestaña MIS CURSOS valida los códigos que encuentras en la última página de tus libros.

---

**NOTA IMPORTANTE:**

* Examen de esta categoría profesional correspondiente a la convocatoria publicada en el BOP de Sevilla n.º 166, de 29 de agosto de 2025, o hasta el 30 de noviembre de 2026, lo que se cumpla antes, y previa renovación del servicio.

** El acceso al CURSO MAD360 estará disponible desde noviembre de 2025 (algunos recursos podrían estar disponibles en fecha posterior). Tendrá una duración de 30 días RENOVABLES mediante pago, desde la validación de códigos, o hasta el 31 de mayo de 2027, lo que se cumpla antes.

MAD se reserva el derecho a ampliar dichas fechas.

# Personal de Actividades Domésticas de la Diputación de Sevilla

## Test del temario

# Autores

**FRANCISCO JESÚS TORRES FONSECA**
Licenciado en Derecho

**JUAN MANUEL GIL RAMOS**
Licenciado en Medicina.
Master en Salud Ambiental

**ANA MARÍA SERRANO BÁRCENA**
Licenciada en Biología

**ENCARNA ROJO FRANCO**
Redactora Senior

**M.ª DOLORES MOLADA LOPEZ**
Diplomada en Magisterio
Técnico en prevención de riesgos laborales

**HERMINIA ANDRADES ROMERO**
Diplomada en Fisioterapia.
Prevencionista de Riesgos Laborales (grado intermedio)

**JOSÉ LUIS GARRIDO VELA**
Licenciado en Derecho

© 7 Editores Recursos para la Cualificación Profesional y el Empleo, S.L. (7 Editores)
© Los autores
Primera edición, noviembre 2025 (176 páginas)
Derechos de edición reservados a favor de 7 Editores
IMPRESO EN ESPAÑA
Diseño Portada: 7 Editores
Edita: 7 Editores
Avda. San Francisco Javier, 9 · Edificio Sevilla 2 · Planta 11 · Módulos 25-27 · 41018 Sevilla
Teléfono: 954 784 411 · WEB: www.mad.es · e-mail: administracion@7editores.com
ISBN: 979-13-702-8168-7
© "Editorial Mad" y "Eduforma" son nombres comerciales registrados de
7 Editores Recursos para la Cualificación Profesional y el Empleo, S.L.

# Índice

# TEST
# MATERIAS COMUNES

# TEST N.º 1

## La Constitución española de 1978. Organización territorial del Estado. Especial referencia a la Administración Local

**1. ¿En qué se fundamenta la Constitución Española?**

a) En un Estado social y democrático de Derecho.
b) En la indisoluble unidad de la Nación española.
c) En la independencia de los poderes del Estado.
d) En la organización territorial del Estado.

**2. Según el artículo 3 de la CE, el castellano es la lengua oficial del Estado y todos los españoles:**

a) Tienen el deber de usar y el derecho de conocer el castellano.
b) Tienen el derecho y el deber de conocer el castellano.
c) Tienen el deber de conocer y el derecho de usar el castellano.
d) Tienen el derecho de conocer y usar el castellano.

**3. La Constitución Española reconoce y garantiza el derecho a la autonomía:**

a) De las nacionalidades que la integran.
b) De las regiones que la integran.
c) De las Comunidades Autónomas que la integran.
d) De las nacionalidades y regiones que la integran.

**4. El Preámbulo de la Constitución:**

a) Tiene en sí carácter de norma jurídica.
b) Es una declaración de intenciones, destinada a interpretar lo que se quiere alcanzar con el contenido normativo de la Constitución.
c) Se trata de un texto sin fuerza jurídica de obligar.
d) Las respuestas b) y c) son correctas.

**5. Señala la respuesta correcta respecto de la aprobación, ratificación y publicación de la Constitución Española:**

a) Aprobada por las Cortes el 31 de octubre de 1978, ratificada por el pueblo en referéndum el 6 de diciembre de 1978 y publicada el 29 de diciembre de 1978.
b) Aprobada por las Cortes el 30 de octubre de 1978, ratificada por el pueblo en referéndum el 16 de diciembre de 1978 y publicada el 27 de diciembre de 1978.
c) Aprobada por las Cortes el 31 de octubre de 1978, ratificada por el pueblo en referéndum el 16 de diciembre de 1978 y publicada el 29 de diciembre de 1978.
d) Aprobada por las Cortes el 10 de octubre de 1978, ratificada por el pueblo en referéndum el 26 de diciembre de 1978 y publicada el 30 de diciembre de 1978.

**6. ¿En qué parte de la Carta Magna se establece la exposición de motivos que impulsan la norma constitucional y los objetivos que con ella se pretenden alcanzar?**

a) En el Título Preliminar.
b) En el Preámbulo.
c) En el Título I.
d) En el Título II.

**7. La Constitución Española fue sancionada por:**

a) El Rey.
b) El Presidente del Congreso.
c) Las Cortes Generales.
d) El Presidente del Gobierno.

**8. ¿Cuáles de los siguientes españoles de origen pueden ser privados de su nacionalidad?**

a) Exclusivamente los miembros de grupos terroristas.
b) Los miembros de grupos terroristas y los que atenten contra el Rey u otro miembro de la Casa Real.
c) Los que atenten contra un miembro de la Familia Real o del Gobierno de la Nación.
d) Ningún español de origen podrá ser privado de su nacionalidad.

**9. Según la CE son fundamentos del orden político y la paz social:**

a) La dignidad de la persona, los derechos violables que les son inherentes y el respeto a la ley.
b) La dignidad de la persona, el desarrollo limitado de la personalidad y el respeto a la ley.
c) El respeto a la ley, a los reglamentos administrativos y demás disposiciones legales.
d) La dignidad de la persona, los derechos inviolables que le son inherentes, el libre desarrollo de su personalidad, el respeto a la ley y a los derechos de los demás.

**10. ¿Cuál de los siguientes es considerado por la CE como uno de los valores superiores del ordenamiento jurídico?**

a) La jerarquía normativa.
b) El pluralismo político.
c) La publicidad normativa.
d) La equidad.

**11. La forma política del Estado español es:**

a) Democracia parlamentaria.
b) Gobierno parlamentario.
c) Monarquía parlamentaria.
d) República democrática.

**12. La parte de la CE que regula la estructura de los principales órganos del Estado recibe el nombre de:**

a) Parte dogmática.
b) Parte orgánica.
c) Parte estatal.
d) Parte estructural.

**13. Según la CE, la soberanía nacional:**

a) Corresponde a las Cortes Generales, al estar compuestas por los representantes del pueblo.
b) Corresponde al Rey.
c) Reside en el pueblo español.
d) Corresponde al Gobierno de la Nación elegido directamente por el pueblo.

**14. El derecho a la propiedad en nuestra Constitución es un Derecho:**

a) Inherente a la condición humana.
b) Absoluto.
c) Limitado por la función social de la misma.
d) Ninguna de las respuestas anteriores es correcta.

**15. ¿En qué parte de la Carta Magna se señalan los valores superiores del ordenamiento jurídico?**

a) En el Preámbulo.
b) En el Título Preliminar.
c) En el Título I.
d) Ninguna respuesta es correcta.

**16. ¿Cuál de las siguientes es una de las características de nuestra Constitución de 1978?**

a) Consensuada.
b) Corta.
c) Conservadora.
d) Originalidad.

**17. Son el fundamento del orden político y de la paz social:**

a) El libre desarrollo de la personalidad.
b) Los derechos inviolables que les son inherentes.
c) El respeto a la ley y a los derechos de los demás.
d) Todas las respuestas son correctas.

**18. Establece el artículo 128 de la Constitución Española:**

a) Que toda la riqueza del país, en sus distintas formas y sea cual fuere su titularidad está subordinada a una distribución equitativa y racional.
b) Que toda la riqueza del país, en sus distintas formas y sea cual fuere su titularidad está subordinada al interés general.
c) Que toda la riqueza del país, en sus distintas formas y cuya titularidad resultase indeterminada está subordinada a una distribución equitativa y racional.
d) Que toda la riqueza del país, en sus distintas formas y cuya titularidad resultase indeterminada está subordinada al interés general.

**19. ¿Qué quedará excluido de extradición?**

a) Los delitos criminales.
b) Los delitos políticos.
c) Los actos de terrorismo.
d) Ninguno.

**20. En el artículo 132, del Título VII, sobre los bienes de dominio público y comunal, se determina que su regulación legal se inspirará en los siguientes principios:**

a) Inalienabilidad, imprescriptibilidad e inembargabilidad, así como su desafectación.
b) Inalienabilidad, prescriptibilidad e inderogabilidad, así como su desafectación.
c) Inalienabilidad, imprescriptibilidad e inexorabilidad, así como su desafectación.
d) Inalienabilidad, prescriptibilidad e invariabilidad, así como su desafectación.

**21. Todos los españoles, respecto al castellano, tienen el:**

a) Derecho-deber de conocerlo.
b) Derecho de usar y deber de conocerlo.

c) Derecho-deber de usarlo.
d) Nada de lo anterior.

**22. La capital del Estado en España es:**

a) La propia de cada Comunidad Autónoma.
b) La villa de Madrid.
c) Aquella donde se establezca en cada momento el Gobierno de la Nación.
d) Aquella en la que resida generalmente el Rey.

**23. El Título de la Constitución que trata de la reforma constitucional es el:**

a) Primero.
b) Décimo.
c) Noveno.
d) Undécimo.

**24. El Defensor del Pueblo se regula en el siguiente Título y Capítulo de la Constitución, respectivamente:**

a) Preliminar y 1.º
b) Segundo y 4.º
c) Segundo y 3.º
d) Primero y 4.º

**25. El Título de la misma que trata del Gobierno y la Administración es el:**

a) Tercero.
b) Cuarto.
c) Quinto.
d) Sexto.

**26. Los principios rectores de la política social y económica se regulan en el siguiente Capítulo y Título de la Constitución:**

a) Segundo del Primero.
b) Tercero del Primero.
c) Tercero del Preliminar.
d) Primero del Séptimo.

**27. El pluralismo político, para nuestra Constitución, es un/una:**

a) Principio General del ordenamiento político.
b) Valor superior del ordenamiento jurídico.
c) Principio rector de la política social y económica.
d) Derecho fundamental.

**28. La forma política del Estado español es:**

a) Unitaria y regionalizada.
b) Federal.
c) La Monarquía Parlamentaria.
d) La propia de un Estado Social y Democrático.

**29. La justicia, según nuestra Constitución, es un/una:**

a) Principio de nuestro ordenamiento jurídico.
b) Valor superior del anterior.
c) Manifestación del Estado democrático.
d) Todo lo anterior.

**30. El derecho a la vida se consagra en el siguiente artículo de la Constitución:**

a) 10.
b) 16.
c) 15.
d) 24.

**31. La pena de muerte en España:**

a) Ha quedado abolida.
b) Puede aplicarse en cualquier momento.
c) Solo se aplicará, en tiempo de guerra, a los militares.
d) Rige solo en el ámbito civil.

**32. La inmediata puesta a disposición judicial derivada del habeas corpus, se produce por:**

a) Detención ilegal.
b) Prisión ilegal.
c) Prisión preventiva.
d) Detención preventiva.

**33. El proceso en el que se enjuicie a un presunto delincuente debe:**

a) Ser sumario.
b) No dilatarse.
c) Entorpecer los instrumentos probatorios.
d) Nada de lo anterior es cierto.

**34. La entrada en un domicilio en caso de flagrante delito, sin autorización de su titular:**

a) Puede dar lugar a la aplicación del habeas corpus.
b) Requiere autorización previa de la autoridad judicial.

c) Puede efectuarse en todo momento.
d) No puede realizarse en momento alguno.

**35. Cuando, al conocerse la comisión de un delito por una persona, se acude a su domicilio para detenerla:**

a) Está obligada a franquear la entrada.
b) Se necesitará autorización judicial para entrar, si no da su consentimiento para ello.
c) Pese a que no dé su consentimiento, se puede entrar.
d) Nada de lo anterior es correcto.

**36. El secreto profesional, constitucionalmente, sirve para:**

a) Ejercer con libertad una profesión titulada.
b) La libertad de creación científica y técnica.
c) No declarar sobre hechos presuntamente delictivos.
d) Todo lo anterior.

**37. La fundación de una Internacional Sindical por un sindicato español:**

a) Es libre.
b) Está prohibida.
c) Debe plasmarse en un Tratado Internacional.
d) Nada de lo anterior es cierto.

**38. El ejercicio del derecho de petición a través de una manifestación ciudadana:**

a) No se admite.
b) Se admite en algún caso.
c) Se admite, salvo para los militares.
d) Ni se admite ni se prohíbe.

**39. No es susceptible de recurso de amparo el derecho a la/de:**

a) Sindicación.
b) Investigación científica.
c) Secreto de las comunicaciones.
d) Lo son todos ellos.

**40. No es susceptible de recurso de amparo el derecho de:**

a) Libertad de cátedra.
b) Negociación colectiva.
c) Manifestación.
d) Huelga.

**41. Es susceptible de recurso de amparo el derecho a la/de:**

a) Libre sindicación.
b) Petición.
c) Cláusula de conciencia.
d) Lo están todos ellos.

**42. Una vez declarado el estado de excepción no se puede suspender el derecho/ libertad de:**

a) Huelga.
b) Enseñanza.
c) Adopción de medidas de conflicto colectivo.
d) Libertad de circulación.

**43. Durante el estado de excepción, un detenido conserva el derecho de/a:**

a) Setenta y dos horas para ser puesto a disposición judicial.
b) Secreto de comunicaciones.
c) Asistencia de Letrado.
d) Ninguno de ellos.

**44. Se puede suspender, con motivo de investigaciones relativas a bandas armadas, el derecho de:**

a) Huelga.
b) Inviolabilidad del domicilio.
c) Libertad de circulación.
d) Las respuestas b) y c) son correctas.

**45. Según la Constitución, las entidades que forman parte de la organización territorial del Estado tienen la nota común de:**

a) Autogobierno.
b) Independencia.
c) Autonomía.
d) Financiación propia.

**46. La titularidad de la soberanía española radica en el/las:**

a) Cortes Generales como representantes del pueblo español.
b) Rey como Jefe del Estado.
c) Pueblo mismo.
d) Nacionalidades y regiones que integran España.

**47. No pueden constituirse en Comunidades Autónomas los territorios:**

a) Que no estén integrados en la organización provincial.
b) Que, no siendo superiores a una provincia, tengan entidad regional histórica.
c) Que, no siendo superiores a una provincia, no tengan entidad regional histórica.
d) Interinsulares.

**48. La vía ordinaria de acceso a la autonomía por el artículo 143 de la Constitución se sigue por los/las:**

a) Provincias con entidad regional histórica.
b) Territorios que en el pasado hubieren plebiscitado afirmativamente proyecto de Estatuto de Autonomía.
c) Provincia sin entidad regional histórica directamente.
d) Supuestos especiales de Ceuta, Melilla y Gibraltar.

**49. Entre las determinaciones de los Estatutos de Autonomía no es necesario incluir la:**

a) Delimitación de su territorio.
b) Denominación de las instituciones autónomas propias.
c) Denominación de la Comunidad.
d) Denominación, organización y sede de sus instituciones administrativas.

**50. En las Comunidades Autónomas que siguen la vía común, el Proyecto de Estatuto será elaborado por la/los:**

a) Asamblea de Parlamentarios que se constituye al efecto.
b) Comisión Constitucional del Congreso de los Diputados.
c) Diputación Provincial correspondiente.
d) Miembros de la Diputación u órgano interinsular y por los Diputados y Senadores elegidos por ellas.

**51. El voto de ratificación por los Plenos del Senado y del Congreso de los Diputados se dará en el/las:**

a) Comunidades Autónomas que siguen la vía común.
b) Comunidades Autónomas que siguen la vía especial.
c) Acceso a la autonomía de Ceuta y Melilla.
d) Acceso a la autonomía de Gibraltar.

**52. La responsabilidad política del Presidente de una Comunidad Autónoma se exige por el/la:**

a) Sala de lo Penal del Tribunal Supremo.
b) Congreso de los Diputados.

c) Tribunal Superior de Justicia de la Comunidad Autónoma.
d) Asamblea Legislativa de la Comunidad Autónoma.

### 53. La Asamblea Legislativa de las Comunidades Autónomas se elige:

a) Con criterios de representación territorial.
b) Con criterios de representación proporcional.
c) Por sufragio individual.
d) Con criterios de representación provincial.

### 54. El principio de coordinación con la Hacienda estatal se consigue por:

a) El Fondo de Compensación Interterritorial.
b) Los preceptos de las sucesivas Leyes de Presupuestos Generales del Estado.
c) La creación del Consejo de Política Fiscal y Financiera de las Comunidades Autónomas.
d) Imperativo de la propia Constitución.

### 55. Los Estatutos de Autonomía deberán contener el/la/las:

a) Competencias que se dejan al Estado y las que asume la Comunidad.
b) Competencias que, en función de la Constitución, asume cada Comunidad Autónoma.
c) Desarrollo de la Administración Autonómica.
d) División provincial y órganos de gobierno.

### 56. En la reforma de los Estatutos intervienen las Cortes Generales:

a) Siempre.
b) Nunca.
c) Sólo cuando se trata de Comunidades Autónomas que accedieron por la vía común.
d) En las Comunidades Autónomas de vía especial exclusivamente.

### 57. Los miembros de las Diputaciones u órganos interinsulares intervienen en la elaboración de los Estatutos de Autonomía:

a) En todo caso.
b) Nunca.
c) En las Comunidades Autónomas de vía común.
d) En las Comunidades Autónomas de vía especial.

### 58. Los Estatutos de Autonomía en la vía común se aprueban por el:

a) Congreso de los Diputados mediante Ley Orgánica.
b) Congreso de los Diputados y Senado por Ley Orgánica.
c) Congreso de los Diputados y Senado por Ley ordinaria.
d) Parlamento Autonómico solamente.

**59. La más alta representación de una Comunidad Autónoma la ostenta el:**

a) Presidente del Parlamento Autonómico.
b) Presidente de la Comunidad Autónoma.
c) Rey.
d) Presidente del Gobierno de la Nación.

**60. La asunción de competencias y de mayor autonomía por las Comunidades Autónomas es, como regla general:**

a) Regresiva.
b) Progresiva.
c) Automática.
d) Inmediata.

**61. En la elaboración por la vía común de los Estatutos de Autonomía:**

a) No intervienen los Municipios afectados.
b) Intervendrán en todo caso.
c) Sólo intervienen las Diputaciones Provinciales u órganos interinsulares.
d) Sólo intervienen los Municipios y los Diputados y Senadores.

**62. El principio de solidaridad consagrado por el artículo 138 de la Constitución exige una atención especial a:**

a) Las Comunidades Autónomas de economía más deprimida.
b) Las Entidades locales de ámbito territorial inferior al municipal.
c) Todas las partes del territorio nacional.
d) Las Islas.

**63. La federación de Comunidades Autónomas, según la Constitución:**

a) Sólo se permite respecto de las limítrofes.
b) Requiere Ley Orgánica de las Cortes Generales.
c) Ha de efectuarse previa reforma de la propia Constitución.
d) Está absolutamente prohibida.

**64. No es elemento del Municipio el/la/las:**

a) Organización.
b) Territorio.
c) Competencias.
d) Población.

# Solución al test n.º 1

**1.** b) En la indisoluble unidad de la Nación española.

**2.** c) Tienen el deber de conocer y el derecho de usar el castellano.

**3.** d) De las nacionalidades y regiones que la integran.

**4.** d) Las respuestas b) y c) son correctas.

**5.** a) Aprobada por las Cortes el 31 de octubre de 1978, ratificada por el pueblo en referéndum el 6 de diciembre de 1978 y publicada el 29 de diciembre de 1978.

**6.** b) En el Preámbulo.

**7.** a) El Rey.

**8.** d) Ningún español de origen podrá ser privado de su nacionalidad.

**9.** d) La dignidad de la persona, los derechos inviolables que le son inherentes, el libre desarrollo de su personalidad, el respeto a la ley y a los derechos de los demás.

**10.** b) El pluralismo político.

**11.** c) Monarquía parlamentaria.

**12.** b) Parte orgánica.

**13.** c) Reside en el pueblo español.

**14.** c) Limitado por la función social de la misma.

**15.** b) En el Título Preliminar.

**16.** a) Consensuada.

**17.** d) Todas las respuestas son correctas.

**18.** b) Que toda la riqueza del país, en sus distintas formas y sea cual fuere su titularidad está subordinada al interés general.

**19.** b) Los delitos políticos.

**20.** a) Inalienabilidad, imprescriptibilidad e inembargabilidad, así como su desafectación.

**21.** b) Derecho de usar y deber de conocerlo.

**22.** b) La villa de Madrid.

**23.** b) Décimo.

**24.** d) Primero y 4.º.

**25.** b) Cuarto.

**26.** b) Tercero del Primero.

**27.** b) Valor superior del ordenamiento jurídico.

**28.** c) La Monarquía Parlamentaria.

**29.** b) Valor superior del anterior.

**30.** c) 15.

**31.** a) Ha quedado abolida.

**32.** a) Detención ilegal.

**33.** b) No dilatarse.

**34.** c) Puede efectuarse en todo momento.

**35.** b) Se necesitará autorización judicial para entrar, si no da su consentimiento para ello.

**36.** c) No declarar sobre hechos presuntamente delictivos.

**37.** a) Es libre.

**38.** a) No se admite.

**39.** b) Investigación científica.

**40.** b) Negociación colectiva.

**41.** d) Lo están todos ellos.

**42.** b) Enseñanza.

**43.** c) Asistencia de Letrado.

**44.** b) Inviolabilidad del domicilio.

**45.** c) Autonomía.

**46.** c) Pueblo mismo.

**47.** d) Interinsulares.

**48.** a) Provincias con entidad regional histórica.

**49.** d) Denominación, organización y sede de sus instituciones administrativas.

**50.** d) Miembros de la Diputación u órgano interinsular y por los Diputados y Senadores elegidos por ellas.

**51.** b) Comunidades Autónomas que siguen la vía especial.

**52.** d) Asamblea Legislativa de la Comunidad Autónoma.

**53.** b) Con criterios de representación proporcional.

**54.** c) La creación del Consejo de Política Fiscal y Financiera de las Comunidades Autónomas.

**55.** b) Competencias que, en función de la Constitución, asume cada Comunidad Autónoma.

**56.** a) Siempre.

**57.** c) En las Comunidades Autónomas de vía común.

**58.** b) Congreso de los Diputados y Senado por Ley Orgánica.

**59.** b) Presidente de la Comunidad Autónoma.

**60.** b) Progresiva.

**61.** a) No intervienen los Municipios afectados.

**62.** d) Las Islas.

**63.** d) Está absolutamente prohibida.

**64.** c) Competencias.

# TEST N.º 2

**Nociones generales de la normativa estatal y autonómica en materia de Igualdad y Violencia de Género. Medidas en el ámbito administrativo y laboral para promover la igualdad real y efectiva de las personas trans y LGTBI establecidas en la Ley 4/2023, de 28 de febrero**

**1. ¿Qué artículo de la Constitución proclama que los españoles son iguales ante la ley, sin que pueda prevalecer discriminación alguna por razón de nacimiento, raza, sexo, religión, opinión o cualquier otra condición o circunstancia personal o social?**

a) Artículo 9.
b) Artículo 11.
c) Artículo 14.
d) Artículo 18.

**2. Según su artículo 1, la LO 3/2007 tiene por objeto hacer efectivo el derecho de:**

a) Conciliación de la vida laboral y familiar de mujeres y hombres.
b) Igualdad de trato y de oportunidades entre mujeres y hombres.
c) Participación en los asuntos públicos en igualdad de condiciones.
d) No discriminación por razón de sexo.

**3. Las obligaciones establecidas en la LO 3/2007 son de aplicación a:**

a) A toda persona, física o jurídica, que se encuentre o actúe en territorio español, cualquiera que fuese su nacionalidad, domicilio o residencia.
b) A todos los ciudadanos españoles, ya sea en territorio español o territorio de cualquier país extranjero.
c) A toda persona, física o jurídica, que se encuentre o actúe en territorio español, con nacionalidad española.
d) A toda persona, física o jurídica, que resida en territorio español, cualquiera que fuese su nacionalidad.

**4. El principio de igualdad de trato y de oportunidades entre mujeres y hombres:**

a) Sólo se aplica en el ámbito del empleo público.

b) Se garantizará incluso en el acceso al trabajo por cuenta propia.

c) No se aplica en la afiliación y participación en organizaciones sindicales o empresariales.

d) Se garantizará en los términos que prevean los convenios colectivos.

**5. La situación en que se encuentra una persona que sea, haya sido o pudiera ser tratada, en atención a su sexo, de manera menos favorable que otra en situación comparable, se considera:**

a) Discriminación directa.

b) Acoso sexual.

c) Discriminación indirecta.

d) Violencia de género.

**6. En virtud del artículo 6.2 de la LO 3/2007, la situación en que una disposición, criterio o práctica aparentemente neutros pone a personas de un sexo en desventaja particular con respecto a personas del otro:**

a) En cualquier caso constituirá discriminación directa.

b) En cualquier caso constituirá discriminación indirecta.

c) No se considera discriminación indirecta si dicha disposición, criterio o práctica pueden justificarse objetivamente en atención a una finalidad legítima y los medios para alcanzar dicha finalidad son necesarios y adecuados.

d) En ningún caso podrá considerarse discriminación.

**7. A los efectos de la LO 3/2007, definimos como acoso sexual:**

a) Cualquier comportamiento realizado en función del sexo de una persona, con el propósito o el efecto de atentar contra su dignidad y de crear un entorno intimidatorio, degradante u ofensivo.

b) La situación en que una disposición, criterio o práctica aparentemente neutros pone a personas de un sexo en desventaja particular con respecto a personas del otro, salvo que dicha disposición, criterio o práctica puedan justificarse objetivamente en atención a una finalidad legítima y que los medios para alcanzar dicha finalidad sean necesarios y adecuados.

c) Todo trato desfavorable a las mujeres relacionado con el embarazo o la maternidad.

d) Cualquier comportamiento, verbal o físico, de naturaleza sexual que tenga el propósito o produzca el efecto de atentar contra la dignidad de una persona, en particular cuando se crea un entorno intimidatorio, degradante u ofensivo.

**8. Según el artículo 8 de la LO 3/2007, todo trato desfavorable a las mujeres relacionado con el embarazo o la maternidad constituye:**

a) Acoso sexual.
b) Acoso por razón de sexo.
c) Discriminación directa por razón de sexo.
d) Discriminación indirecta por razón de sexo.

**9. Cualquier comportamiento realizado en función del sexo de una persona, con el propósito o el efecto de atentar contra su dignidad y de crear un entorno intimidatorio, degradante u ofensivo, constituye:**

a) Discriminación directa.
b) Acoso sexual.
c) Acoso por razón de sexo.
d) Discriminación indirecta.

**10. Para prevenir la realización de conductas discriminatorias en los actos y las cláusulas de los negocios jurídicos, el artículo 10 de la LO 3/2007 prevé la existencia de un sistema de sanciones eficaz y:**

a) Proporcionado.
b) Comprensible.
c) Cuantificable.
d) Disuasorio.

**11. Según el artículo 10 de la LO 3/2007, los actos y las cláusulas de los negocios jurídicos que constituyan o causen discriminación por razón de sexo se considerarán:**

a) Válidos, pero anulables.
b) Nulos y sin efecto.
c) Ilegales.
d) Nulos, pero con efectos.

**12. Con el fin de hacer efectivo el derecho constitucional de la igualdad, los Poderes Públicos adoptarán medidas específicas en favor de las mujeres para corregir situaciones patentes de desigualdad de hecho respecto de los hombres. Tales medidas, que serán aplicables en tanto subsistan dichas situaciones, habrán de ser en relación con el objetivo perseguido en cada caso razonables y:**

a) Justificadas.
b) Autorizadas judicialmente.
c) Transparentes.
d) Proporcionadas.

**13. Conforme al artículo 12 de la LO 3/2007, cualquier persona podrá recabar de los tribunales la tutela del derecho a la igualdad entre mujeres y hombres, de acuerdo con lo establecido en el artículo 53.2 de la Constitución:**

a) Siempre que la relación en la que supuestamente se produce la discriminación se encuentre vigente.

b) Incluso tras la terminación de la relación en la que supuestamente se ha producido la discriminación.

c) Siempre que se haya dado por terminada la relación en la que supuestamente se produce la discriminación.

d) A menos que se haya procedido a la suspensión de la relación en la que supuestamente se produce la discriminación.

**14. La capacidad y la legitimación para intervenir en los procesos civiles, sociales y contencioso-administrativos que versen sobre la defensa del derecho de igualdad entre mujeres y hombres, corresponden a:**

a) La persona acosada, únicamente.

b) Cualquier ciudadano.

c) Las personas físicas y jurídicas con interés legítimo.

d) Cualquier persona jurídica.

**15. La persona acosada será la única legitimada en los litigios:**

a) Sobre discriminación directa.

b) Sobre acoso sexual y acoso por razón de sexo.

c) Sobre acoso sexual únicamente.

d) Únicamente sobre acoso por razón de sexo.

**16. Un criterio general de actuación de los Poderes Públicos, según el artículo 14 de la LO 3/2007, es el establecimiento de medidas que aseguren la ............. del trabajo y de la vida personal y familiar de las mujeres y los hombres, así como el fomento de la ...................... en las labores domésticas y en la atención a la familia. Qué dos palabras completan acertadamente la frase anterior:**

a) Conciliación y corresponsabilidad.

b) Estabilidad y cooperación.

c) Corresponsabilidad y cooperación.

d) Estabilidad y conciliación.

**17. Según el artículo 15 de la LO 3/2007, el principio de igualdad de trato y oportunidades entre mujeres y hombres informará la actuación de todos los Poderes Públicos, con carácter:**

a) General.

b) Transversal.

c) Integral.

d) Global.

**18. Según el artículo 17 de la LO 3/2007, el Gobierno, en las materias que sean de la competencia del Estado, aprobará un Plan Estratégico de Igualdad de Oportunidades:**

a) Anualmente.
b) Bianualmente.
c) Cada cuatro años.
d) Periódicamente.

**19. El artículo 18 de la LO 3/2007, exige al Gobierno la elaboración de un informe periódico sobre el conjunto de sus actuaciones en relación con la efectividad del principio de igualdad entre mujeres y hombres. Los términos en que se elaborarán estos informes se determinarán:**

a) Por ley orgánica.
b) Por ley.
c) Reglamentariamente.
d) En una ley de bases.

**20. El Gobierno dará cuenta del informe sobre el conjunto de sus actuaciones en relación con la efectividad del principio de igualdad entre mujeres y hombres:**

a) Al Congreso de los Diputados.
b) A las Cortes Generales.
c) A las asociaciones y organizaciones de mujeres.
d) Al Defensor del Pueblo.

**21. Los proyectos de disposiciones de carácter general y los planes de especial relevancia económica, social, cultural y artística que se sometan a la aprobación del Consejo de Ministros deberán incorporar:**

a) Un Plan Estratégico de Igualdad de Oportunidades.
b) Una estadística o encuesta que posibilite el conocimiento de las diferencias en los valores, roles, situaciones y condiciones, de mujeres y hombres en el ámbito de acción del proyecto o plan.
c) Un informe periódico sobre el conjunto de sus actuaciones en relación con la efectividad del principio de igualdad entre mujeres y hombres.
d) Un informe sobre su impacto por razón de género.

**22. El artículo 20 de la LO 3/2007, establece una serie de medidas obligatorias a las que se someterán los estudios y estadísticas que elaboren los poderes públicos. Cuál de las siguientes es una de dichas medidas:**

a) Excluir sistemáticamente la variable de sexo en las estadísticas, encuestas y recogida de datos que lleven a cabo.
b) Realizar muestras lo suficientemente amplias para evitar que las diversas variables incluidas puedan ser explotadas y analizadas en función de la variable de sexo.

c) Explotar los datos de que disponen de modo que se puedan conocer las diferentes situaciones, condiciones, aspiraciones y necesidades de mujeres y hombres en los diferentes ámbitos de intervención.

d) Establecer e incluir en las operaciones estadísticas nuevos indicadores que posibiliten un mejor conocimiento de las similitudes en los valores, roles, situaciones, condiciones, aspiraciones y necesidades de mujeres y hombres.

**23. Conforme al artículo 21 de la LO 3/2007, la Administración General del Estado y las Administraciones de las Comunidades Autónomas cooperarán para integrar el derecho de igualdad entre mujeres y hombres en el ejercicio de sus respectivas competencias y, en especial, en sus actuaciones de:**

a) Supervisión.
b) Planificación.
c) Regulación.
d) Dirección.

**24. Conforme al artículo 22 de la LO 3/2007, las corporaciones locales, con el fin de avanzar hacia un reparto equitativo de los tiempos entre mujeres y hombres, podrán establecer:**

a) Planes Municipales de Empleo con perspectiva de género.
b) Ordenanzas de regulación del tiempo.
c) Ordenanzas o Edictos de representación equilibrada en los tiempos de la ciudad.
d) Planes Municipales de organización del tiempo de la ciudad.

**25. Conforme al artículo 26 de la LO 3/2007, los distintos organismos, agencias, entes y demás estructuras de las administraciones públicas que de modo directo o indirecto configuren el sistema de gestión cultural, desarrollarán, entre otras actuaciones, la adopción de iniciativas destinadas a favorecer la promoción específica de las mujeres en la cultura y a combatir su discriminación estructural y/o:**

a) Difusa.
b) Generacional.
c) Ambigua.
d) Encubierta.

**26. Conforme al artículo 16 del Estatuto de Autonomía de Andalucía, las mujeres tienen derecho a una protección contra la violencia de género:**

a) Judicial.
b) Asistencial.
c) Efectiva.
d) Integral.

**27. Según el artículo 107 del Estatuto de Autonomía de Andalucía, en los nombramientos y designaciones de instituciones y órganos que corresponda efectuar al Parlamento de Andalucía regirá el principio de:**

a) No discriminación por razón de sexo.
b) Alternancia de sexos, en cremallera.
c) Presencia equilibrada entre hombres y mujeres.
d) Igualdad de oportunidades.

**28. La Ley 12/2007, de 26 de noviembre, para la Promoción de la Igualdad de Género en Andalucía tiene como objetivo principal garantizar la vinculación de los poderes públicos en todos los ámbitos, en el cumplimiento, como instrumento imprescindible para el ejercicio de las competencias autonómicas en clave de género, de:**

a) La transversalidad.
b) La humanización de la sociedad.
c) La Agenda 2030.
d) La perspectiva de sexo.

**29. Según el artículo 7 de la Ley 12/2007, de 26 de noviembre, para la promoción de la igualdad de género en Andalucía, el Consejo de Gobierno de la Junta de Andalucía formulará un Plan Estratégico para la Igualdad de Mujeres y Hombres en Andalucía, con la participación de:**

a) Todas las consejerías.
b) El Gobierno de la Nación.
c) El Parlamento de Andalucía.
d) Las Entidades Locales.

**30. Según el artículo 27.5 de la Ley 12/2007, de 26 de noviembre, para la promoción de la igualdad de género en Andalucía, los planes de igualdad:**

a) Podrán ser objeto de inscripción voluntaria en registro público conforme a lo dispuesto en la normativa estatal sobre la materia.
b) Serán objeto de inscripción obligatoria en registro público conforme a lo dispuesto en la normativa autonómica sobre la materia.
c) Podrán ser objeto de inscripción voluntaria en registro público conforme a lo dispuesto en la normativa autonómica sobre la materia.
d) Serán objeto de inscripción obligatoria en registro público conforme a lo dispuesto en la normativa estatal sobre la materia.

**31. Según el artículo 13 de la Ley 12/2007, de 26 de noviembre, para la promoción de la igualdad de género en Andalucía, la Administración de la Junta de Andalucía incorporará a las bases reguladoras de las subvenciones públicas la valoración de actuaciones de efectiva consecución de la igualdad de género por parte de las entidades solicitantes:**

a) En todo caso.
b) Salvo que por Ley, se exima expresamente de tal valoración.
c) Salvo en aquellos casos en que, por la naturaleza de la subvención o de las entidades solicitantes, esté justificada su no incorporación.
d) Salvo que se trate de subvenciones de carácter sectorial.

**32. Según el artículo 13.2 de la Ley 12/2007, de 26 de noviembre, para la promoción de la igualdad de género en Andalucía, la Administración de la Junta de Andalucía no formalizará contratos ni subvencionará, bonificará o prestará ayudas públicas a aquellas personas físicas o jurídicas condenadas por alentar o tolerar prácticas laborales consideradas discriminatorias por la legislación vigente, durante un plazo desde la fecha de la condena por sentencia firme, de:**

a) 2 años.
b) 3 años.
c) 4 años.
d) 5 años.

**33. Conforme al artículo 15.4 de la Ley 12/2007, la Administración educativa andaluza, con el fin de integrar la perspectiva de género en su labor, garantizará que los órganos responsables de la evaluación, calidad e investigación educativa, así como los servicios de apoyo y formación al profesorado, cuenten con personal capacitado específicamente en materia de:**

a) Cogobernanza.
b) Coenseñanza.
c) Cooperación.
d) Coeducación.

**34. Conforme al artículo 16 de la Ley 12/2007, la Consejería competente en materia de educación creará una comisión de personas expertas en coeducación, para el seguimiento del lenguaje, de las imágenes y de los contenidos de los materiales curriculares y los libros de texto que se utilicen en el ámbito del sistema educativo de Andalucía. Esta comisión emitirá un informe anual, que remitirá para su conocimiento a:**

a) La Consejería competente en materia de igualdad.
b) El Instituto Andaluz de la Mujer.
c) La Comisión Interdepartamental para la Igualdad de Mujeres y Hombres en Andalucía.
d) El Consejo Andaluz de Participación de las Mujeres.

**35. Según el artículo 18.2 de la Ley 12/2007, en el Consejo Escolar de Andalucía participará una persona en representación de:**

a) El Instituto Andaluz de la Mujer.
b) La Consejería competente en materia de igualdad.
c) El Consejo Andaluz de Participación de las Mujeres.
d) Las asociaciones para la promoción de la igualdad de género.

**36. Según el artículo 26 bis de la Ley 12/2007, la Consejería competente en materia de empleo realizará anualmente estudios que permitan analizar las diferencias retributivas entre mujeres y hombres en las empresas y sectores de Andalucía, sus causas y su evolución en el tiempo, con el fin de diseñar políticas e incentivos que permitan erradicar estas situaciones. De los estudios se dará traslado, para su conocimiento, a:**

a) La Consejería competente en materia de igualdad.
b) El Parlamento de Andalucía.
c) El Consejo Andaluz de Participación de las Mujeres.
d) El Instituto Andaluz de la Mujer.

**37. Según el artículo 31 de la Ley 12/2007, las ofertas públicas de empleo de la Administración de la Junta de Andalucía:**

a) Incluirán plazas a ocupar por mujeres víctimas de violencia de género.
b) Deberán ir acompañadas de la evaluación del impacto por razón de género que se incluirá en la MAIN.
c) Garantizarán la presencia equilibrada de mujeres y hombres en las plazas ofertadas.
d) Deberán incorporar medidas de acción positiva para la incorporación de mujeres.

**38. La aplicación de la Ley Orgánica 1/2004, de 28 de diciembre:**

a) No supone la existencia necesariamente de convivencia entre la víctima y el agresor.
b) Supone que en algún momento anterior haya existido convivencia entre la víctima y el agresor,
c) Supone la convivencia, al menos en el momento del hecho, entre la víctima y el agresor.
d) Supone siempre la inexistencia de convivencia entre la víctima y el agresor.

**39. Las medidas de protección integral de la Ley Orgánica 1/2004, de 28 de diciembre:**

a) No tienen finalidad sancionadora.
b) Su finalidad es esencialmente reparadora.
c) Tienen finalidad previsora y sancionadora.
d) Tienen finalidad prioritariamente sancionadora.

**40. La violencia de género a que se refiere la Ley Orgánica 1/2004, de 28 de diciembre:**

a) Incluye las amenazas y las coacciones.

b) Incluye las amenazas y las coacciones solo cuando vayan acompañadas o seguidas de privación de libertad.

c) Incluye las amenazas, pero no las coacciones salvo que vayan seguidas de hechos violentos.

d) Incluye las coacciones pero no las amenazas salvo que vayan seguidas de hechos violentos.

**41. Conforme al artículo 3 de la LO 1/2004, el Plan Nacional de Sensibilización y Prevención de la Violencia de Género debe dirigirse tanto a hombres como a mujeres desde un trabajo comunitario y:**

a) Multidisciplinar.

b) Integral.

c) Complementario.

d) Intercultural.

**42. Conforme al artículo 3 de la LO 1/2004, con el fin de prevenir la violencia de género, en el marco de sus competencias, los poderes públicos deben impulsar:**

a) Cursos de información y sensibilización.

b) Campañas de información y sensibilización.

c) Programas de información y sensibilización.

d) Jornadas de información y sensibilización.

**43. La Ley Orgánica de Medidas de Protección integral contra la Violencia de Género, determina que desarrollar actividades en la resolución pacífica de conflictos y fomentar el respeto a la dignidad de las personas y a la igualdad entre hombres y mujeres, estará incluido entre los objetivos de:**

a) La Educación Secundaria Obligatoria.

b) El Bachillerato y la Formación Profesional.

c) Las Universidades.

d) La enseñanza para las personas adultas.

**44. Cuando las víctimas de violencia de género careciesen de rentas superiores, en cómputo mensual, al 75 por 100 del salario mínimo interprofesional, excluida la parte proporcional de dos pagas extraordinarias, recibirán una ayuda de pago único, siempre que se presuma que debido a su edad, falta de preparación general o especializada y circunstancias sociales, la víctima tendrá especiales dificultades para obtener un empleo y por dicha circunstancia no participará en los programas de empleo establecidos para su inserción profesional. El importe de esta ayuda será equivalente:**

a) Al de 3 meses de subsidio por desempleo.

b) Al de 6 meses de subsidio por desempleo.

c) Al de 9 meses de subsidio por desempleo.
d) Al de 12 meses de subsidio por desempleo.

**45. A las trabajadoras por cuenta propia víctimas de violencia de género que cesen en su actividad para hacer efectiva su protección o su derecho a la asistencia social integral, se les suspenderá la obligación de cotización durante un período que les será considerado como de cotización efectiva a efectos de las prestaciones de Seguridad Social, de:**

a) 6 meses.
b) 9 meses.
c) 1 año.
d) 18 meses.

**46. Los derechos reconocidos por la Ley 13/2007, de 26 de noviembre, de Medidas de Prevención y Protección Integral contra la Violencia de Género, de la Comunidad Autónoma de Andalucía, se garantizan:**

a) Con independencia de la vecindad civil, siempre que la víctima se encuentre en el territorio andaluz.
b) Siempre que la víctima tenga la vecindad andaluza con independencia del lugar del territorio nacional en que se encontrara en el momento de los hechos.
c) Solo cuando la vecindad civil de la víctima sea andaluza y se encuentre en el territorio andaluz en el momento que sucedieron los hechos.
d) Solo cuando la vecindad civil de la víctima sea andaluza y se encuentre en el territorio andaluz.

**47. El Plan integral de sensibilización y prevención contra la violencia de género en Andalucía:**

a) Será coordinado por la Consejería competente en materia de violencia de género.
b) Se aprobará periódicamente, determinándose dicho periodo reglamentariamente.
c) Será coordinado por la Consejería competente en materia de violencia de género y participarán todas las demás Consejerías.
d) Será aprobado por el Parlamento de Andalucía.

**48. Según el artículo 4 de la Ley 13/2007, la actuación de los poderes públicos de Andalucía tendente a la erradicación de la violencia de género deberá inspirarse, entre otros, en el principio de adopción de medidas que garanticen los derechos de las mujeres víctimas de violencia de género, de acuerdo con los principios de universalidad, accesibilidad, proximidad, confidencialidad de las actuaciones, protección de los datos personales, tutela y acompañamiento en los trámites procedimentales y respeto a su capacidad de:**

a) Organización.
b) Ejecución.
c) Evaluación.
d) Decisión.

**49. El Observatorio Andaluz de la Violencia de Género es un órgano colegiado, de composición interdepartamental, con participación administrativa y social y funciones asesoras y de evaluación de las políticas y medidas tomadas para prevenir y combatir todas las formas de violencia incluidas en la Ley 13/2007, procediendo a su análisis y:**

a) Difusión.
b) Control.
c) Arbitraje.
d) Normalización.

**50. La finalidad esencial de la estrategia de comunicación del Plan integral de sensibilización y prevención contra la violencia de género en Andalucía es:**

a) Sensibilizar a mujeres y hombres, modificar los modelos y actitudes, mitos y prejuicios sexistas y concienciar a la sociedad sobre la violencia de género como una problemática social que atenta contra nuestro sistema de valores.

b) La detección, atención y prevención de la violencia de género, prestando una especial consideración a los grupos de mujeres más vulnerables.

c) La sensibilización con programas y actuaciones de prevención de todas las formas de violencia y desigualdades de género dirigidos a la población masculina, con especial incidencia entre los jóvenes, insistiendo en la necesidad de promover una sociedad más igualitaria entre mujeres y hombres.

d) Incidir, desde la etapa infantil hasta los niveles superiores, en la igualdad entre mujeres y hombres y en el respeto de los derechos y libertades fundamentales, dotando de los instrumentos que permitan la detección precoz de la violencia de género, incluyendo la coeducación de manera transversal y la educación afectivo-sexual de acuerdo con el desarrollo evolutivo de los niños y niñas.

**51. Conforme al artículo 26 de la Ley 13/2007, las Administraciones públicas de Andalucía, en el ámbito de sus competencias, deberán garantizar a las mujeres víctimas de violencia de género el derecho a recibir en cualquier momento ...............,asesoramiento y atención adecuada a su situación personal y necesidades específicas. Señala la palabra que falta:**

a) Protección.
b) Tutela.
c) Información.
d) Acompañamiento.

**52. El artículo 29 de la Ley 13/2007 dispone la obligación de la Administración de la Junta de Andalucía, respecto a hijos e hijas y de menores a su cargo, que se vean afectados por un cambio de residencia como consecuencia de la violencia de género, de garantizar:**

a) La adaptación al medio.
b) La protección social.

c) La atención psicológica.
d) La escolarización inmediata.

**53. Según el artículo 30 de la Ley 13/2007, en los casos de acoso sexual y por razón de sexo en el ámbito laboral, la acreditación de la situación de violencia de género para el reconocimiento de derechos regulados en esta ley y los que deriven de su desarrollo reglamentario, se realizará a través de:**

a) Informe del empresario o jefe directo de la víctima.
b) Informe de los Servicios de Prevención de la empresa.
c) Informe de la Inspección de Trabajo y de la Seguridad Social.
d) Declaración jurada de la víctima.

**54. Para garantizar la ordenación de sus actuaciones en la prevención, asistencia y persecución de los actos de violencia de género, que deberán implicar a las Administraciones sanitarias, la Administración de justicia, las Fuerzas y Cuerpos de Seguridad y los servicios sociales y organismos de igualdad; el artículo 31 de la Ley 13/2007 encomienda a los poderes públicos la elaboración de planes de:**

a) Emergencia.
b) Protección Civil.
c) Seguridad Personal.
d) Colaboración.

**55. El artículo 37 de la Ley 13/2007 prevé la organización, por la Consejería que ostente las competencias en materia de Justicia, de las unidades de valoración integral de violencia de género, a través de:**

a) La Policía Judicial.
b) Los Institutos de Medicina Legal.
c) Los Juzgados de Instrucción.
d) Los Juzgados de Violencia sobre la Mujer.

**56. Ofrecen una acogida temporal a las mujeres y menores que las acompañen, garantizándoles una atención integral multidisciplinar, para que las mujeres sean capaces de recuperarse de los efectos de la violencia padecida:**

a) Los centros de emergencia.
b) Las casas de acogida.
c) Las residencias públicas.
d) Los pisos tutelados.

**57. Según su artículo 2, la Ley 4/2023 será de aplicación:**

a) A toda persona física, de carácter público, que resida en territorio español, cualquiera que fuera su nacionalidad, origen racial o étnico, religión, domicilio, residencia, edad, estado civil o situación administrativa, en los términos y con el alcance que se contemplan en esta ley y en el resto del ordenamiento jurídico.

b) A toda persona física o jurídica, de carácter público o privado, que resida, se encuentre o actúe en territorio español, de nacionalidad española, en los términos y con el alcance que se contemplan en esta ley y en el resto del ordenamiento jurídico.

c) A toda persona física, de carácter público o privado, que resida o se encuentre o actúe en territorio español, cualquiera que fuera su nacionalidad, origen racial o étnico, religión, domicilio, residencia, edad, estado civil o situación administrativa, en los términos y con el alcance que se contemplan en esta ley.

d) A toda persona física o jurídica, de carácter público o privado, que resida, se encuentre o actúe en territorio español, cualquiera que fuera su nacionalidad, origen racial o étnico, religión, domicilio, residencia, edad, estado civil o situación administrativa, en los términos y con el alcance que se contemplan en esta ley y en el resto del ordenamiento jurídico.

**58. El objeto de la Ley para la igualdad real y efectiva de las personas trans y para la garantía de los derechos de las personas LGTBI es:**

a) La ordenación de las políticas públicas y la regulación de estructuras, recursos y servicios en favor de la rectificación pública de este colectivo.

b) Garantizar y promover el derecho a la igualdad real y efectiva de las personas lesbianas, gais, trans, bisexuales e intersexuales, así como de sus familias.

c) Armonizar los requisitos para el reconocimiento de la condición efectiva de las personas pertenecientes a la comunidad LGTBI.

d) Definir el instrumento principal de colaboración entre las distintas comunidades y colectivos para lograr el respeto hacia la comunidad LGTBI.

**59. Se produce cuando una disposición, criterio o práctica aparentemente neutros ocasiona o puede ocasionar a una o varias personas una desventaja particular con respecto a otras por razón de orientación sexual, e identidad sexual, expresión de género o características sexuales. Nos referimos a:**

a) Discriminación directa.
b) Discriminación interseccional.
c) Discriminación indirecta.
d) Discriminación por error.

**60. ¿Cómo se denomina a la condición de aquellas personas nacidas con unas características biológicas, anatómicas o fisiológicas, una anatomía sexual, unos órganos reproductivos o un patrón cromosómico que no se corresponden con las nociones socialmente establecidas de los cuerpos masculinos o femeninos?**

a) Orientación sexual indefinida.
b) Identidad sexual neutra.
c) Expresión de género abierta.
d) Intersexualidad.

**61. Cualquier conducta realizada por razón de alguna de las causas de discriminación previstas en la Ley 4/2023, con el objetivo o la consecuencia de atentar contra la dignidad de una persona o grupo en que se integra y de crear un entorno intimidatorio, hostil, degradante, humillante u ofensivo, es denominada:**

a) Acoso discriminatorio.
b) Discriminación por asociación.
c) LGTBIfobia.
d) Discriminación directa.

**62. La bifobia es toda actitud, conducta o discurso de rechazo, repudio, prejuicio, discriminación o intolerancia hacia las personas:**

a) Homosexuales.
b) Heterosexuales.
c) Transexuales.
d) Bisexuales.

**63. ¿Cuál es el órgano de participación ciudadana en materia de derechos y libertades de las personas LGTBI?**

a) La Comisión Paritaria de las Personas LGTBI.
b) El Consejo de Participación de las Personas LGTBI.
c) La Secretaría de Igualdad y contra la Violencia de Género.
d) El Consejo para la liberación LGTBI.

**64. Las medidas de protección frente a la discriminación y la violencia por causas previstas en la Ley 4/2023, que serán adoptadas por las administraciones públicas, en el ámbito de sus competencias, concentran sus esfuerzos en:**

a) La erradicación de situaciones discriminativas.
b) El conocimiento de supuestos de discriminación.
c) La prevención y detección de tales situaciones.
d) La intervención frente a la discriminación y la violencia.

**65. Según el artículo 10.3 de la Ley 4/2023, la Estrategia estatal para la igualdad de trato y no discriminación de las personas LGTBI tendrá carácter:**

a) Anual.
b) Bianual.
c) Trianual.
d) Cuatrienal.

# Solución al test n.º 2

**1.** c) Artículo 14.

**2.** b) Igualdad de trato y de oportunidades entre mujeres y hombres.

**3.** a) A toda persona, física o jurídica, que se encuentre o actúe en territorio español, cualquiera que fuese su nacionalidad, domicilio o residencia.

**4.** b) Se garantizará incluso en el acceso al trabajo por cuenta propia.

**5.** a) Discriminación directa.

**6.** c) No se considera discriminación indirecta si dicha disposición, criterio o práctica pueden justificarse objetivamente en atención a una finalidad legítima y los medios para alcanzar dicha finalidad son necesarios y adecuados.

**7.** d) Cualquier comportamiento, verbal o físico, de naturaleza sexual que tenga el propósito o produzca el efecto de atentar contra la dignidad de una persona, en particular cuando se crea un entorno intimidatorio, degradante u ofensivo.

**8.** c) Discriminación directa por razón de sexo.

**9.** c) Acoso por razón de sexo.

**10.** d) Disuasorio.

**11.** b) Nulos y sin efecto.

**12.** d) Proporcionadas.

**13.** b) Incluso tras la terminación de la relación en la que supuestamente se ha producido la discriminación.

**14.** c) Las personas físicas y jurídicas con interés legítimo.

**15.** b) Sobre acoso sexual y acoso por razón de sexo.

**16.** a) Conciliación y corresponsabilidad.

**17.** b) Transversal.

**18.** d) Periódicamente.

**19.** c) Reglamentariamente.

**20.** b) A las Cortes Generales.

**21.** d) Un informe sobre su impacto por razón de género.

**22.** c) Explotar los datos de que disponen de modo que se puedan conocer las diferentes situaciones, condiciones, aspiraciones y necesidades de mujeres y hombres en los diferentes ámbitos de intervención.

**23.** b) Planificación.

**24.** d) Planes Municipales de organización del tiempo de la ciudad.

**25.** a) Difusa.

**26.** d) Integral.

**27.** c) Presencia equilibrada entre hombres y mujeres.

**28.** a) La transversalidad.

**29.** d) Las Entidades Locales.

**30.** d) Serán objeto de inscripción obligatoria en registro público conforme a lo dispuesto en la normativa estatal sobre la materia.

**31.** c) Salvo en aquellos casos en que, por la naturaleza de la subvención o de las entidades solicitantes, esté justificada su no incorporación.

**32.** d) 5 años.

**33.** d) Coeducación.

**34.** d) El Consejo Andaluz de Participación de las Mujeres.

**35.** a) El Instituto Andaluz de la Mujer.

**36.** c) El Consejo Andaluz de Participación de las Mujeres.

**37.** b) Deberán ir acompañadas de la evaluación del impacto por razón de género que se incluirá en la MAIN.

**38.** a) No supone la existencia necesariamente de convivencia entre la víctima y el agresor.

**39.** c) Tienen finalidad previsora y sancionadora.

**40.** a) Incluye las amenazas y las coacciones.

**41.** d) Intercultural.

**42.** b) Campañas de información y sensibilización.

**43.** d) La enseñanza para las personas adultas.

**44.** b) Al de 6 meses de subsidio por desempleo.

**45.** a) 6 meses.

**46.** a) Con independencia de la vecindad civil, siempre que la víctima se encuentre en el territorio andaluz.

**47.** a) Será coordinado por la Consejería competente en materia de violencia de género.

**48.** d) Decisión.

**49.** a) Difusión.

**50.** a) Sensibilizar a mujeres y hombres, modificar los modelos y actitudes, mitos y prejuicios sexistas y concienciar a la sociedad sobre la violencia de género como una problemática social que atenta contra nuestro sistema de valores.

**51.** c) Información.

**52.** d) La escolarización inmediata.

**53.** c) Informe de la Inspección de Trabajo y de la Seguridad Social.

**54.** d) Colaboración.

**55.** b) Los Institutos de Medicina Legal.

**56.** b) Las casas de acogida.

**57.** d) A toda persona física o jurídica, de carácter público o privado, que resida, se encuentre o actúe en territorio español, cualquiera que fuera su nacionalidad, origen racial o étnico, religión, domicilio, residencia, edad, estado civil o situación administrativa, en los términos y con el alcance que se contemplan en esta ley y en el resto del ordenamiento jurídico.

**58.** b) Garantizar y promover el derecho a la igualdad real y efectiva de las personas lesbianas, gais, trans, bisexuales e intersexuales, así como de sus familias.

**59.** c) Discriminación indirecta.

**60.** d) Intersexualidad.

**61.** a) Acoso discriminatorio.

**62.** d) Bisexuales.

**63.** b) El Consejo de Participación de las Personas LGTBI.

**64.** c) La prevención y detección de tales situaciones.

**65.** d) Cuatrienal.

# TEST
# MATERIAS ESPECÍFICAS

# TEST N.º 1

**Medidas generales de limpieza y desinfección, limpieza y desinfección de las superficies y espacios en contacto con las personas usuarias de los centros sociosanitarios de carácter residencial, para el control y la prevención de la transmisión de microorganismos multirresistentes**

**1. ¿Cómo contribuye el Servicio de Limpieza a mantener la salud de los pacientes?**

a) Reduce la posibilidad de que aparezcan problemas nutricionales.
b) Reduce la posibilidad de transmisión de infecciones provenientes de fuentes inanimadas.
c) Reduce la posibilidad de transmisión de infecciones provenientes de otros pacientes.
d) Reduce la posibilidad de transmisión de infecciones provenientes del personal.

**2. Entre las causas actuales de cambios de perspectivas de la limpieza como un tema mayor, la que más destaca es:**

a) El aumento del nivel de vida.
b) Los cambios culturales.
c) El avance de la tecnología.
d) La creación de nuevos espacios.

**3. ¿Dónde la limpieza adquiere una importancia vital en la acción preventiva de posibles enfermedades o del deterioro de las instalaciones?**

a) En casas de veraneos o segundas residencias.
b) En residencias de ancianos, ambulatorios y hospitales.
c) En casas vecinales o plantas de edificios de pisos.
d) En ninguna de las anteriores.

**4. ¿En qué circunstancias ya no es suficiente la limpieza tradicional?**

a) En empresas de alta tecnología.
b) En grandes almacenes comerciales.

c) En residencias de ancianos.
d) En todas las anteriores.

**5. ¿Qué necesidades, actualmente muy trascendentes en las empresas, surgen como nueva situación donde la limpieza es considerada un problema que requiere para su solución de personal de limpieza cualificado que esté capacitado para la buena utilización de las técnicas de limpieza?**

a) La eficiencia y la sostenibilidad.
b) La calidad y la economía.
c) La equidad y la sostenibilidad.
d) La solidaridad y la empatía.

**6. Los medios técnicos actuales de limpieza:**

a) Nos permiten realizar un trabajo de calidad con menos esfuerzo.
b) Nos permiten realizar un trabajo de calidad aunque sea con más tiempo.
c) Nos permiten realizar un trabajo más eficiente, pero menos eficaz.
d) Nos permiten realizar un trabajo más eficaz, pero menos eficiente.

**7. ¿A qué se denomina toda partícula que se encuentra en estado libre en una superficie o en suspensión en la atmósfera?**

a) Contaminación.
b) Aerosol.
c) Polvo.
d) Vapor.

**8. ¿De qué depende la velocidad de caída de las partículas de polvo?.**

a) Depende del tamaño y la forma.
b) Depende de dl tamaño y el peso específico que posea.
c) Depende de la forma y el peso específico que posea.
d) Depende dell tamaño, la forma y el peso específico que posea.

**9. El polvo puede localizarse:**

a) En la superficie de cualquier mueble, paredes o suelos.
b) En la superficie de cualquier objeto.
c) En suspensión en la atmósfera.
d) En todos los lugares anteriores.

**10. ¿Qué polvo se deposita con mayor facilidad en el suelo?**

a) El polvo grueso.
b) El polvo mediano.

c) El polvo fino.
d) El polvo ultrafino o micropolvo.

**11. ¿Cuánto puede permanecer en suspensión en el aire el micropolvo?**

a) Puede estar hasta 1 hora.
b) Puede estar hasta 7 horas.
c) Puede estar hasta 12 horas.
d) Puede estar hasta 24 horas.

**12. En el campo, donde el aire no se ha contaminado todavía, el polvo es, sobre todo, de tipo:**

a) Físico y químico.
b) Biológico y físico.
c) Vegetal y mineral.
d) Vegetal y químico.

**13. El polvo vegetal en otoño esencialmente está conformado por:**

a) El polen.
b) El detritus de las raíces.
c) Restos de las plantas procedentes de su descomposición.
d) Las semillas en el aire.

**14. El polvo levantado por los coches y por el viento en las carreteras es de origen:**

a) Físico y químico.
b) Biológico y físico.
c) Mineral o/y químico.
d) Vegetal y químico.

**15. El polvo en suspensión en la mayoría de ciudades es sobre todo de tipo:**

a) Físico.
b) Químico.
c) Mineral.
d) Vegetal.

**16. El polvo de las ciudades lo producen mayoritariamente:**

a) Las chimeneas de fábricas.
b) Los comercios de restauración.
c) Los automóviles.
d) Los humos de calefacción doméstica.

**17. ¿Qué enfermedad respiratoria causa más frecuentemente el polvo, especialmente el doméstico?**

a) Tuberculosis.
b) Neumonías.
c) Bronquiolitis.
d) Asma.

**18. ¿Cuántas bacterias puede contener un gramo de polvo?**

a) Puede contener hasta 100 000 bacterias.
b) Puede contener hasta 250 000 bacterias.
c) Puede contener hasta 500 000 bacterias.
d) Puede contener hasta 1 500 000 bacterias.

**19. Para la eliminación del polvo generado por las múltiples fuentes existentes, será necesario utilizar sistemas de limpieza racionales y, por tanto, eficaces, que significa la realización de:**

a) Una limpieza a fondo con un método caro, no necesariamente productivo.
b) Una limpieza a fondo con cualquier método de limpieza, sin tener en cuenta el coste.
c) Un barrido húmedo y la aspiración del mismo con filtro absorbente.
d) Un barrido seco y la aspiración del mismo sin filtro absorbente.

**20. ¿A qué se denomina materia en el lugar equivocado?**

a) Al polvo suspendido.
b) Al polvo precipitado.
c) A la suciedad.
d) A la contaminación.

**21. ¿Cómo se denomina aquel tipo de suciedad producido por elementos o sustancias que requieren productos especiales para su eliminación?**

a) Suciedad grasa.
b) Suciedad no grasa.
c) Manchas especiales.
d) Suciedad neutra.

**22. ¿A qué grupo de suciedad pertenece el cemento?**

a) Pertenece al grupo de suciedad grasa.
b) Pertenece al grupo de suciedad no grasa.
c) Pertenece al grupo de manchas especiales.
d) Pertenece al grupo de suciedad neutra.

**23. ¿Qué suciedad se quita con sustancias químicas (detergentes alcalinos) o mecánicamente con el empleo de fregadoras y detergentes solventes?**

a) Suciedad grasa.
b) Suciedad no grasa.
c) Manchas especiales.
d) Suciedad neutra.

**24. ¿Qué suciedad se quita con un fregado con mopa y detergente neutro o ligeramente alcalino?**

a) Suciedad grasa.
b) Suciedad no grasa.
c) Manchas especiales.
d) Suciedad neutra.

**25. ¿Qué precisa el cemento y sus manchas para su eliminación?**

a) Fregado, frotado y empleo de detergente alcalino.
b) El empleo de productos ácidos.
c) Fregado, frotado y empleo de detergente neutro.
d) Nada de lo anterior es cierto.

**26. ¿Qué consecuencias de las que se nombran no tiene la suciedad?**

a) Que altere la estética de forma significativa.
b) Que entorpezca o interfiera en la actividad normal.
c) Que constituya una amenaza para la salud.
d) Puede acarrear todas las consecuencias anteriores.

**27. ¿Qué factores que influyen en la eliminación de la limpieza forman el círculo de Sinner?**

a) Acción química, presión, humedad y acción mecánica o trabajo físico.
b) Acción química, presión, cantidad de agua y acción mecánica o trabajo físico.
c) Acción química, tiempo necesario, temperatura y acción mecánica o trabajo físico.
d) Acción química, cantidad de agua, temperatura y acción mecánica o trabajo físico.

**28. ¿Qué interesa en cuanto a funcionamiento en la interacción de factores en el círculo de Sinner?**

a) Aumentar la temperatura y disminuir la acción mecánica, la acción química y el tiempo de acción.
b) Aumentar la acción química y disminuir la acción mecánica y el tiempo de acción.
c) Aumentar la acción mecánica y disminuir la acción química y el tiempo de acción.
d) Aumentar el tiempo de acción y disminuir la acción mecánica y la acción química.

**29. ¿Cómo se denominan objetos inanimados que contienen partículas contaminadas y que se sitúan en el entorno del paciente?**

a) Absorbentes.
b) Reservorios.
c) Fómites.
d) Portadores.

**30. ¿Cuál es la flora que se forma por colonización normal de microorganismos que viven en la superficie corporal (piel), así como en las cavidades y órganos huecos?**

a) Flora transitoria.
b) Flora patógena.
c) Flora accidental.
d) Flora residente.

**31. ¿Qué término es sinónimo de agente tensioactivo?**

a) Aditivo.
b) Reforzante.
c) Surfactante.
d) Coadyuvante.

**32. ¿Qué sustancia química es de aplicación tópica sobre los tejidos vivos (piel intacta, mucosas, heridas, etc.), que destruye o inhibe los microorganismos sin afectar sensiblemente a los tejidos sobre los que se aplica?**

a) Desinfectante.
b) Antiséptico.
c) Esterilizante.
d) Detergente.

**33. ¿Cómo se denomina la capacidad de romper una suciedad compacta y reducirla a finas partículas?**

a) Concentración.
b) Suspensión.
c) Dispersión.
d) Poder humectante.

**34. Por la regla general, si se han de limpiar los siguientes elementos, se empezará por:**

a) Ventanas.
b) Suelos.
c) Mamparas.
d) Techos.

**35. Una buena limpieza requiere combinar adecuadamente varios factores. Según la Teoría del Círculo de Sinner son cuatro factores. Señalar de los siguientes cuál no está incluido en dicha teoría:**

a) Acción química.
b) Temperatura.
c) Acción mecánica.
d) Presión de salida.

**36. La limpieza que se realiza en situaciones excepcionales, se denomina:**

a) Limpieza común.
b) Limpieza general.
c) Limpieza concreta.
d) Limpieza de rutina.

**37. Por regla general, se habrá de limpiar rutinariamente tres veces al día:**

a) El área de lavado de vajilla en la cocina.
b) Áreas de preparación de alimentos en cocina.
c) Ascensores.
d) Escaleras.

**38. Se limpiarán a fondo cada 7 días:**

a) Los despachos.
b) Las ruedas de carros de curas.
c) Los dormitorios de médicos de guardia.
d) Los boxes de enfermería de planta.

**39. Se realizará mensualmente:**

a) La limpieza a fondo de la sala de preparación de alimentación parenteral.
b) La limpieza de habitaciones de hospitalización.
c) El lavado y aspirado de alfombras y moquetas.
d) La limpieza de los colchones.

**40. No se considera limpieza concreta:**

a) La que debe realizarse en Lavandería cada día después de haber efectuado la selección de ropa.
b) La que debe realizarse en los quirófanos, después de cada intervención.
c) La limpieza y desinfección de la cama cuando el paciente se vaya a trasladar a la zona quirúrgica.
d) La limpieza tras la realización de mejoras, reparaciones o labores propias de mantenimiento.

**41. El proceso mediante el cual se destruyen todos los microorganismos viables presentes en un objeto o superficie incluidas las esporas bacterianas, se denomina:**

a) Limpieza.
b) Desinfección.
c) Esterilización.
d) Asepsia.

**42. La capacidad de un detergente de emulsionar la suciedad para que no se vuelva a formar adhiriéndose de nuevo a la superficie a limpiar, se denomina:**

a) Poder humectante.
b) Dispersión.
c) Poder surfactante.
d) Suspensión.

**43. Un agente tensioactivo aniónico es:**

a) Un agente tensioactivo iónico.
b) Un agente tensioactivo anfotérico.
c) Un agente tensioactivo no iónico.
d) Un agente tensioactivo neutro.

**44. Los fómites son:**

a) Microorganismos que se adquieren durante las actividades normales de la vida cotidiana.
b) Objetos inanimados que contienen partículas contaminadas y que se sitúan en el entorno del paciente.
c) Componentes complementarios de un detergente o de un limpiador, que aportan propiedades particulares a las de los componentes fundamentales en la acción específica de la limpieza.
d) Sustancias químicas de aplicación tópica sobre los tejidos vivos (piel intacta, mucosas, heridas, etc.), que destruyen o inhiben los microorganismos sin afectar sensiblemente a los tejidos sobre los que se aplican.

**45. ¿A qué hace referencia la definición: "Todo ser animado o inanimado, en los que el agente etiológico se reproduce y se perpetúa en un ambiente natural del que depende para su supervivencia"?**

a) Reservorio.
b) Fuente de infección.
c) Fuente de contagio.
d) Fuente adicional.

**46. ¿Cuál de éstas no es una característica en relación al reservorio humano enfermo?**

a) El foco enfermo debe eliminar microorganismo.
b) Cada enfermedad tiene sus períodos patocrónicos y su contagiosidad.
c) Las características clínicas de la enfermedad afectan a la contagiosidad.
d) Todas son características.

**47. ¿De qué depende la duración de la contagiosidad?**

a) Del huésped.
b) Del agente patógeno.
c) Del tratamiento recibido.
d) Todas son correctas.

**48. ¿Cuál de éstas es la primera fase evolutiva de las que se compone el período patocrónico de la enfermedad transmisible?**

a) Prodrómica.
b) Clínica.
c) Convaleciente.
d) Crónica.

**49. ¿Cuál es una vía de eliminación de una enfermedad si las secreciones que se lanzan al exterior son gotas de Flügge?**

a) Vía cutánea.
b) Vía digestiva.
c) Vía genitourinaria.
d) Vía respiratoria.

**50. ¿Mediante que vía de salida podemos eliminar los núcleos goticulares de Wells?**

a) Vía digestiva.
b) Vía respiratoria.
c) Vía conjuntival.
d) Todas las anteriores.

**51. ¿Qué tipo de portador, dentro del reservorio humano, es aquel que elimina gérmenes no patógenos?**

a) Portador precoz.
b) Portador convaleciente.
c) Portador paradójico.
d) Portador sano.

**52. ¿Qué otro nombre recibe el portador paradójico del reservorio humano portador?**

a) Pseudoportador.
b) Convaleciente.
c) Sano.
d) Pasivo.

**53. La acción que consiste en suprimir los microorganismos patógenos existentes en la habitación del enfermo, ropa, manos, piel, etc., se denomina:**

a) Desinfección.
b) Desinsectación.
c) Asepsia.
d) Esterilización.

**54. Un desinfectante:**

a) Debe tener estabilidad como producto químico.
b) Debe tener bajo costo.
c) Biodegradable.
d) Todas son correctas.

**55. La destrucción de todos los microorganismos patógenos, con exclusión de las esporas se denomina:**

a) Asepsia.
b) Antisepsia.
c) Desinfección.
d) Esterilización.

**56. Consideramos al tipo de desinfección que destruye el bacilo de Koch (*Micobacterium tuberculosis*) como:**

a) De bajo nivel.
b) De nivel muy bajo.
c) De alto nivel.
d) De nivel infinito.

**57. Dentro de los procedimientos físicos de desinfección no se encuentra:**

a) Antisépticos.
b) Ultrasonidos.
c) Rayos solares.
d) Hervido.

**58. Un antiséptico:**

a) Se usa sobre piel y heridas.
b) Es desinfectante.
c) Es el agua oxigenada ($H_2O_2$).
d) Todas son correctas.

**59. ¿Cuál de los siguientes antisépticos en forma de pomada es de elección para tratar las quemaduras?**

a) Mafedina.
b) Nitrofurazona.
c) Povidona yodada.
d) Clorhexidina.

**60. ¿En qué consiste la desinfección mediante inmersión?**

a) Consiste en introducir instrumentos en una solución desinfectante durante cierto tiempo.
b) Se empapan las bayetas en una solución y luego se utilizan para fregar.
c) Se trata de producir vapores o gases capaces de impregnar el aire y las superficies.
d) Todas son correctas.

**61. ¿Cuál de los siguientes productos es empleado en desinfección de alto nivel?**

a) Glutaraldehído.
b) Ácido peracético.
c) Peróxido de hidrógeno.
d) Todas son correctas.

**62. Entre las técnicas de desinfección se encuentra:**

a) La inmersión.
b) La loción.
c) La vaporización.
d) Todas son correctas.

**63. Se define como infectividad:**

a) La capacidad de virulencia del agente causal.
b) La capacidad para ocasionar o dar lugar a una enfermedad.
c) El grado o cantidad de enfermedad que puede producir el agente causal.
d) La capacidad para multiplicarse el agente causal en los tejidos, dando o no lugar enfermedad.

**64. ¿Cuál de los siguientes factores favorece la contaminación del ambiente?**

a) Las manos de los profesionales de salud en contacto con las superficies.
b) La utilización de técnicas básicas de higiene por los profesionales de la salud.
c) Revestimientos adecuados y de fácil limpieza.
d) Todas las respuestas son correctas.

**65. ¿Cómo se define la enfermedad infecciosa?**

a) Enfermedad que precisa la participación de un agente causal vivo y exógeno, con una respuesta orgánica y que se puede transmitir.
b) Enfermedad bacteriana con respuesta orgánica y que se puede transmitir.
c) Enfermedad de causa variable, física o biológica, que no puede transmitirse entre dos personas.
d) Ninguna respuesta es correcta.

**66. Según los postulados de Koch, ¿cuál de estos requisitos cumplirá un agente causal de una enfermedad infecciosa?**

a) Al inocular el microorganismo en un animal susceptible, no se producirá la enfermedad.
b) El microorganismo no dará lugar a respuesta inmune detectable en laboratorio.
c) Siempre se debe encontrar el microorganismo en la enfermedad.
d) No será posible aislar y cultivar al microorganismo desde las lesiones.

**67. La interacción agente/huésped en la que existe beneficio para el agente o el huésped, pero sin perjuicio para el otro, ¿cómo se denomina?**

a) Simbiosis.
b) Comensalismo.
c) Parasitismo.
d) Infección.

**68. ¿A qué se refiere la contagiosidad?**

a) Capacidad del agente para extenderse.
b) Capacidad para multiplicarse el agente causal en los tejidos, dando o no lugar enfermedad.
c) Relación entre el parásito y el huésped.
d) Capacidad del agente causante para salir del huésped.

**69. Aquel agente biológico que puede causar una enfermedad grave en el hombre y presenta un serio peligro para los trabajadores, con riesgo de que se propague a la colectividad y existiendo generalmente una profilaxis o tratamiento eficaz, ¿de qué grupo es?**

a) 1.
b) 2.

c) 3.
d) 4.

**70. ¿Cuál de los siguientes es un factor epidemiológico secundario?**

a) Reservorio.
b) Edad.
c) Agente causal.
d) Fuente.

**71. ¿En cuál de estas infecciones el reservorio es animal?**

a) Sarampión.
b) Tétanos.
c) Fiebre Q.
d) Disentería.

**72. Cuándo la transmisión de la enfermedad es desde el suelo, ¿de qué tipo es?**

a) Directa por contacto.
b) Directa transplacentaria.
c) Por aire.
d) Indirecta.

**73. ¿Cómo se define al sujeto sano susceptible?**

a) Todo sujeto sano capaz de enfermar.
b) Todo sujeto sano incapaz de enfermar.
c) Sujeto enfermo que no manifiesta síntomas.
d) Primer eslabón de la cadena epidemiológica.

**74. ¿Cuál de estas tareas de limpieza se realiza en último lugar?**

a) Paredes, rejillas de aire acondicionado y techos.
b) Mobiliario y mamparas.
c) Ventanas y superficies de aluminio y acristaladas.
d) Suelos.

**75. En la limpieza, el factor que tiene que ver con el producto a utilizar y la cantidad del mismo a utilizar según su concentración, ¿cuál es?**

a) Acción mecánica.
b) Acción química.
c) Tiempo.
d) Temperatura.

**76. ¿Qué teoría establece relación entre los cuatro factores que interaccionan para una limpieza eficaz?**

a) Teoría de la detergencia.
b) Ciclo de lavado.
c) Círculo de Sinner.
d) Principio de desinfección.

**77. ¿Cómo se denomina la limpieza que se realiza en situaciones excepcionales o cuando finaliza un proceso?**

a) Normal.
b) General.
c) A fondo.
d) Concreta.

**78. ¿Cuál de los siguientes elementos se limpiarán dos veces al día?**

a) Borde superior de la puerta.
b) Pasillos.
c) Quirófanos.
d) Suelo de una habitación.

**79. ¿Cuántas veces al día se limpia el área de lavado de vajilla en la cocina?**

a) 1.
b) 2.
c) 3.
d) 5.

**80. ¿Cada cuánto tiempo se hará la limpieza a fondo de la zona de lencería?**

a) Cada 7 días.
b) Cada 15 días.
c) Cada mes.
d) Cada año.

**81. ¿Cómo se denomina la limpieza de las habitaciones de los pacientes cuando se van de alta?**

a) Diaria.
b) Cotidiana.
c) A fondo.
d) Terminal.

**82. ¿Qué tipos de desinfección podemos diferenciar?**

a) De nivel alto, intermedio y bajo.
b) Final y concomitante.
c) Antisepsia y esterilización.
d) Son correctas las respuestas a) y b).

**83. ¿Cómo se define la desinfección concurrente?**

a) Aquella que se realiza cuando se ha producido el alta del paciente y las circunstancias lo indican.
b) Aquella que se realiza cuando el paciente está ingresado.
c) Aquella que solo es activa frente a virus lipídicos de tamaño medio, bacterias en forma vegetativa y hongos.
d) Todas las respuestas son correctas.

**84. ¿A qué temperatura se produce la ebullición?**

a) 50 ºC.
b) 65 ºC.
c) 90 ºC.
d) 100 ºC.

**85. ¿Cuál es el antiséptico ideal en lactantes y niños pequeños?**

a) Clorhexidina.
b) Alcohol etílico.
c) Yodo.
d) Agua oxigenada.

**86. ¿Cuál es la concentración más efectiva del alcohol etílico?**

a) 30 %.
b) 50 %.
c) 70 %.
d) 90 %.

**87. ¿Qué inconveniente tiene el yodo?**

a) Irritante, tóxico y mancha.
b) Poco eficaz.
c) No es antiséptico.
d) Todas las respuestas son correctas.

**88. ¿Cuál de estas es una ventaja del hipoclorito?**

a) Estable.
b) No es tóxico.
c) Barato.
d) Inactivado por materia orgánica.

**89. ¿Para qué se utilizan los aldehídos?**

a) Para la esterilización de material de goma.
b) Para desinfección de superficies.
c) Como antiséptico para la piel.
d) Todas las respuestas son correctas.

**90. ¿En qué técnica de desinfección se empapan las bayetas en una solución y luego se utilizan para fregar?**

a) Inmersión.
b) Brumas.
c) Pulverización.
d) Loción.

**91. Conjunto de acciones y técnicas aplicadas sobre personas y el entorno con el fin de disminuir la suciedad y la cantidad de microorganismos presentes, que pudieran ejercer efectos nocivos sobre la salud:**

a) limpieza.
b) Higiene.
c) Desinfección.
d) Esterilización.

**92. Conjunto de procedimientos físicos y químicos orientados a la eliminación de suciedades y residuos:**

a) limpieza.
b) Higiene.
c) Desinfección.
d) Esterilización.

**93. Proceso por el que se destruyen todos los microorganismos y las esporas bacterianas presentes en un objeto o superficie:**

a) limpieza.
b) Higiene.
c) Desinfección.
d) Esterilización.

# Solución al test n.º 1

**1.** b) Reduce la posibilidad de transmisión de infecciones provenientes de fuentes inanimadas.

**2.** c) El avance de la tecnología.

**3.** b) En residencias de ancianos, ambulatorios y hospitales.

**4.** d) En todas las anteriores.

**5.** b) La calidad y la economía.

**6.** a) Nos permiten realizar un trabajo de calidad con menos esfuerzo.

**7.** c) Polvo.

**8.** d) Depende del tamaño, la forma y el peso específico que posea.

**9.** d) En todos los lugares anteriores.

**10.** a) El polvo grueso.

**11.** b) Puede estar hasta 7 horas.

**12.** c) Vegetal y mineral.

**13.** c) Restos de las plantas procedentes de su descomposición.

**14.** c) Mineral o/y químico.

**15.** b) Químico.

**16.** d) Los humos de calefacción doméstica.

**17.** d) Asma.

**18.** d) Puede contener hasta 1 500 000 bacterias.

**19.** c) Un barrido húmedo y la aspiración del mismo con filtro absorbente.

**20.** c) A la suciedad.

**21.** c) Manchas especiales.

**22.** c) Pertenece al grupo de manchas especiales.

**23.** a) Suciedad grasa.

**24.** b) Suciedad no grasa.

**25.** b) El empleo de productos ácidos.

**26.** d) Puede acarrear todas las consecuencias anteriores.

**27.** c) Acción química, tiempo necesario, temperatura y acción mecánica o trabajo físico.

**28.** b) Aumentar la acción química y disminuir la acción mecánica y el tiempo de acción.

**29.** c) Fómites.

**30.** d) Flora residente.

**31.** c) Surfactante.

**32.** b) Antiséptico.

**33.** c) Dispersión.

**34.** d) Techos.

**35.** d) Presión de salida.

**36.** c) Limpieza concreta.

**37.** a) El área de lavado de vajilla en la cocina.

**38.** b) Las ruedas de carros de curas.

**39.** c) El lavado y aspirado de alfombras y moquetas.

**40.** a) La que debe realizarse en Lavandería cada día después de haber efectuado la selección de ropa.

**41.** c) Esterilización.

**42.** d) Suspensión.

**43.** a) Un agente tensioactivo iónico.

**44.** b) Objetos inanimados que contienen partículas contaminadas y que se sitúan en el entorno del paciente.

**45.** a) Reservorio.

**46.** d) Todas son características.

**47.** c) Del tratamiento recibido.

**48.** a) Prodrómica.

**49.** d) Vía respiratoria.

**50.** b) Vía respiratoria.

**51.** c) Portador paradójico.

**52.** a) Pseudoportador.

**53.** a) Desinfección.

**54.** d) Todas son correctas.

**55.** c) Desinfección.

**56.** c) De alto nivel.

**57.** a) Antisépticos.

**58.** d) Todas son correctas.

**59.** b) Nitrofurazona.

**60.** a) Consiste en introducir instrumentos en una solución desinfectante durante cierto tiempo.

**61.** d) Todas son correctas.

**62.** d) Todas son correctas.

**63.** d) La capacidad para multiplicarse el agente causal en los tejidos, dando o no lugar enfermedad.

**64.** a) Las manos de los profesionales de salud en contacto con las superficies.

**65.** a) Enfermedad que precisa la participación de un agente causal vivo y exógeno, con una respuesta orgánica y que se puede transmitir.

**66.** c) Siempre se debe encontrar el microorganismo en la enfermedad.

**67.** b) Comensalismo.

**68.** a) Capacidad del agente para extenderse.

**69.** c) 3.

**70.** b) Edad.

**71.** c) Fiebre Q.

**72.** d) Indirecta.

**73.** a) Todo sujeto sano capaz de enfermar.

**74.** d) Suelos.

**75.** b) Acción química.

**76.** c) Círculo de Sinner.

**77.** d) Concreta.

**78.** b) Pasillos.

**79.** c) 3.

**80.** b) Cada 15 días.

**81.** d) Terminal.

**82.** d) Son correctas las respuestas a) y b).

**83.** b) Aquella que se realiza cuando el paciente está ingresado.

**84.** d) 100 ºC.

**85.** a) Clorhexidina.

**86.** c) 70 %.

**87.** a) Irritante, tóxico y mancha.

**88.** c) Barato.

**89.** a) Para la esterilización de material de goma.

**90.** d) Loción.

**91.** b) Higiene.

**92.** a) limpieza.

**93.** d) Esterilización.

# TEST N.º 2

**Limpieza integral de los centros de trabajo, suelos, techos, paredes, cristales, escaleras, sanitarios, materiales decorativos, oficinas y despachos**

**1. Señala uno de los inconvenientes que presenta el método de barrido en seco:**

a) No permite desempolvar bien por debajo de los muebles y muchas veces fija el polvo y los residuos en los zócalos.

b) La forma en la que debe utilizarse la escoba convencional produce, con el tiempo, dolores de espalda.

c) Es un sistema lento y poco eficaz.

d) Todas las respuestas son correctas.

**2. ¿Qué tipo de limpieza se empleará en áreas administrativas?**

a) El fregado a máquina.

b) El fregado con un solo cubo solo.

c) El barrido húmedo.

d) El fregado con doble cubo.

**3. Señala la respuesta incorrecta respecto al aspirado:**

a) Moveremos la boquilla de aspiración hacia adelante y hacia atrás mientras avanzamos en el aspirado.

b) Debemos poner a punto la aspiradora asegurándonos de que aspira correctamente y de que es la adecuada para el tipo de suciedad que debemos aspirar.

c) Aspiraremos en primer lugar las superficies que menos se ensucian y, posteriormente las que más se ensucian (y si es preciso dos o tres veces).

d) Comprobaremos que la bolsa está en buenas condiciones para que la boquilla de aspiración pueda succionar la suciedad correctamente.

**4. ¿Qué tipo de suelos son una alfombra o una moqueta?**

a) Suelos de cerámica.

b) Suelos textiles.

c) Suelos de linóleo.
d) Suelos termoplásticos.

**5. ¿Cuál de los siguientes es un suelo duro?**

a) Suelos de cerámica.
b) Suelos vinílicos.
c) Suelos de corcho.
d) Suelos de goma.

**6. Las paredes lavables:**

a) Se lavarán con agua y detergente neutro.
b) Se lavarán con agua y detergente ácido.
c) Se deberá eliminar el polvo de las mismas una vez al mes.
d) Todas son correctas.

**7. Las limpiezas de fachadas se pueden realizar:**

a) De forma manual.
b) De forma mecanizada.
c) No se limpian las fachadas.
d) Son correctas la a) y la b).

**8. Para realizar una limpieza manual de fachadas:**

a) Se humedecerán los papeles y carteles pegados a la superficie y se dejará actuar un rato.
b) Se raspan directamente sin mojar.
c) A veces hay que añadir al agua un poco de cal.
d) Se pulen con pulidora de mano.

**9. La limpieza mecánica de fachadas se hará:**

a) Con agua a presión.
b) Con chorro de arena.
c) Son correctas la a) y la b).
d) Ninguna es correcta.

**10. La limpieza de fachadas con chorro de agua:**

a) Se realiza siempre con agua fría.
b) El chorro de agua se debe trabajar de arriba a abajo para evitar salpicaduras.
c) La presión y la temperatura variarán según el material de que esté compuesta la superficie.
d) Todas son correctas.

**11. Los grafitis:**

a) Son pinturas que se realizan en las paredes con rotuladores o sprays.
b) Suelen llevar la firma de la persona que lo hace o bien dibujos.
c) Normalmente se realizan con tinta o pintura.
d) Todas son correctas.

**12. Para limpieza de superficies verticales disponemos de:**

a) Escaleras.
b) Andamios.
c) Plataformas.
d) Todas son correctas.

**13. En la limpieza de paredes, el detergente alcalino se usará en proporción:**

a) No superior al 1 % para limpieza de paredes con grasa.
b) No superior al 2 % para limpieza de paredes con grasa.
c) No superior al 3 % para limpieza de paredes con grasa.
d) No superior al 2 % para limpieza de paredes sin grasa.

**14. Para el mantenimiento de textiles en paredes se usará:**

a) Percloroetileno.
b) Amoniaco.
c) Champú para limpieza de textiles.
d) Las opciones a) y c) son correctas.

**15. Señala la afirmación incorrecta en relación con el mantenimiento de las paredes de madera:**

a) El agua deteriora la madera, por tanto, evitaremos mojarla.
b) Se pulveriza el mop-sec con producto capta-polvo al menos 10 minutos antes de su utilización.
c) Se procede a pasar el mop-sec por la madera para quitar el polvo.
d) Si quedara alguna mancha, se humedecerá una bayeta y se procederá a quitarlas manualmente.

**16. ¿Cómo se eliminan las mancha del roce de las suelas de los zapatos en la pared no lavable?**

a) Con agua y jabón.
b) Con una cuchilla.
c) Con goma de borrar.
d) Con lejía.

**17. ¿Cómo se limpiarán las paredes empapeladas?**

a) Se deberá eliminar el polvo de las mismas una vez al mes.
b) Se limpiarán diariamente con agua y jabón.
c) Se lavarán una vez al mes con un producto para textil en seco.
d) No se limpian.

**18. ¿Para la limpieza de acero en puertas qué tipo de bayeta utilizaremos?**

a) Bayeta suave de limpieza.
b) Bayeta azul.
c) Es indiferente.
d) No se utiliza bayeta.

**19. ¿Cuándo se limpiarán los zócalos?**

a) Antes de la pared.
b) Después de la pared.
c) Después del suelo.
d) A la vez que el suelo.

**20. ¿Con qué se quitan las manchas de la pintura plástica en una pared?**

a) Con agua.
b) En seco.
c) Con trementina.
d) Con percloroetileno.

**21. Las paredes de pinturas al temple:**

a) Se deben limpiar en seco.
b) Se limpian a través de un lavado y lejiado.
c) Se utilizan pulverizadores sin frotar.
d) Solo se limpian con paños secos.

**22. Señala la mejor técnica para eliminar manchas en una pared empapelada:**

a) Con goma de borrar o con una bola de miga de pan.
b) Con un rascador.
c) Con un cepillo de cerdas duras.
d) Con un cepillo de cerdas semirrígidas.

**23. Indique que afirmación es correcta en relación con a la limpieza de paredes pintadas:**

a) Para limpiar una pared pintada es indiferente con qué tipo de pintura se han pintado.
b) Debe lavarse sin haber retirado previamente el polvo para una mayor higiene.

c) Tras el fregado de la pared debe secarse con una trapo seco.

d) No debe enjuagarse más de una vez la esponja o bayeta que se utilice.

**24. ¿Cuál de los siguientes tipos de paredes requieren para su lavado un detergente especial y una espuma especial, respectivamente?**

a) Entelada y de pintura.

b) Empapelada y de cerámica.

c) De madera y entelada.

d) De pintura y de madera.

**25. ¿Con qué frecuencia se procederá a la limpieza de las superficies próximas a las tomas de aire acondicionado?**

a) Diariamente.

b) Semanalmente.

c) Cada quince días.

d) Mensualmente.

**26. ¿Qué método utilizaría para eliminar manchas de una pared textil?**

a) Frotación.

b) Arrastre.

c) Abrasión.

d) Tamponación.

**27. ¿Qué utilizaría para limpiar manualmente un techo?**

a) Mopa húmeda.

b) Bomba de aspiración.

c) Hidrolimpiadora.

d) Plumero.

**28. ¿Con qué se limpiaría el sistema de detección de alarmas?**

a) Con agua y jabón.

b) Con aire a presión.

c) Con desinfectante.

d) Con plumero.

**29. ¿Qué orden de limpieza es correcto?**

a) Techo, pared, suelo.

b) Techo, suelo, pared.

c) Pared, techo, suelo.
d) Suelo, pared, techo.

**30. Para limpieza de superficies verticales disponemos de:**

a) Escaleras.
b) Andamios.
c) Plataformas.
d) Todas son correctas.

**31. ¿Cómo se eliminan las marcas de gotas de agua del espejo del baño?**

a) Con agua y jabón.
b) Con agua solo.
c) Con agua y unas gotas de vinagre.
d) Con lejía.

**32. ¿Con que producto se limpian los espejos?**

a) Con lejía.
b) Con agua y jabón.
c) Con bicarbonato.
d) Un detergente ácido.

**33. ¿Qué utensilio de los siguientes utilizaremos para quitar suciedad pegada a los cristales que es difícil de eliminar?**

a) Un cepillo aspirante.
b) Un limpiacristales o rastrillo.
c) Un estropajo.
d) Un rasca-vidrios.

**34. En la limpieza de cristales, indique cuál de las siguientes afirmaciones es incorrecta:**

a) Los cristales deben limpiarse cuando les da el sol con el objeto de ver mejor las manchas.
b) Los cristales deben limpiarse de arriba hacia abajo.
c) Las manchas de insectos podemos eliminarlas más fácilmente con alcohol de quemar.
d) Cuando limpiemos cristales grandes lo haremos más fácilmente si utilizamos cepillos montados con tubos enlazados.

**35. A la hora de eliminar la suciedad de los cristales, hay que tener en cuenta que:**

a) Las manchas de pintura las quitaremos fácilmente con alcohol de quemar.
b) Los limpiaremos siempre de abajo hacia arriba.
c) Las manchas producidas por los insectos las eliminaremos con esencia de trementina.
d) Procuraremos no limpiarlos cuando el sol se refleje en ellos.

**36. Los cristales de las puertas de entrada requieren una frecuencia de limpieza:**

a) Quincenal.
b) Semestral.
c) Diaria.
d) Anual.

**37. Indica la opción incorrecta. Cuando limpiemos en edificio donde exista personal trabajando debemos tener en cuenta:**

a) Señalizar la zona mojada para evitar resbalones.
b) Usar uniformes e identificativos.
c) Ubicar el material en un lugar donde no estorbe.
d) Todas son correctas.

**38. Los cristales de difícil acceso se limpiarán con una frecuencia orientativa de:**

a) Quincenal.
b) Trimestral.
c) Anual.
d) Diaria.

**39. Lo primero que tenemos que hacer en el montaje del restrillo para limpiar los cristales es:**

a) Dejar entrar los dos dientes del muelle en cualquiera de las dos aberturas de la guía.
b) acoplar el mango en alguno de los lugares de la guía.
c) Apretar el muelle de acero en la parte inferior del mango.
d) Colocar el mango en la parte central de la guía, es la más usada.

**40. Qué es un «*Strip*»:**

a) Lavavidrios.
b) Máquina fregadora automática.
c) Rascador de vidrios.
d) Sistema de doble cubo para limpieza de suelos.

**41. En la limpieza de ventanas grandes, que primer movimiento debemos hacer con el lavavidrios al empaparlo de agua:**

a) En zip zap.
b) De arriba abajo.

c) A lo largo.

d) Es indiferente el movimiento.

**42. Para dar el último toque a las ventanas grandes:**

a) Colocaremos una gamuza en el extremo del tubo, limpiando a lo largo del borde y en los rincones para quitar eventuales gotas de agua.

b) Con el limpiacristales ligeramente inclinado, arrastre el agua horizontalmente hacia el borde derecho.

c) Cuando se aproxime al borde derecho, vigilar la guía del rastrillo hacia la derecha para que el extremo de su goma toque el borde lateral.

d) Después de cada pasada del rastrillo, escurra el limpiacristales suavemente con unos golpecitos sobre la parte aún mojada del cristal.

**43. En el sistema de posicionamiento para la limpieza de ventanas se debe tener en cuenta:**

a) Pasar de ventana a ventana por fuera del edificio.

b) Parar sobre el borde de la ventana, aunque esté resbaladizo, lleva zapatos de seguridad.

c) Una vez limpia la ventana, desconecte los dos extremos de la correa antes de entrar en el edificio.

d) Mantener los dos extremos de la correa conectados al punto de anclaje mientras se limpia la ventana.

**44. En la limpieza de cristales indica que opción es incorrecta:**

a) Se usa un rascador de vidrio para las manchas difíciles.

b) Se limpia siempre de derecha a izquierda.

c) Se limpia siempre de arriba abajo.

d) Se debe limpiar el cristal siempre cuando no le esté dando el sol.

**45. El sistema de conexión al anclaje se compone de:**

a) Dos líneas de trabajo.

b) Una línea de trabajo y una línea de seguridad.

c) Una línea de trabajo y dos líneas de seguridad.

d) Una sola línea de trabajo.

**46. Indica cuál no es una parte de la cuerda tipo A de la norma UNE-EN 1891:**

a) Alma.

b) Identificación.

c) Cuerpo.

d) Camisa.

**47. De que tipo es el dispositivo de regulación de cuerda accionado manualmente que, cuando se engancha a una línea de trabajo, se bloquea bajo la acción de una carga en un sentido y desliza libremente en sentido opuesto:**

a) A.
b) B.
c) C.
d) W.

**48. ¿En qué posición se colocará el limpiacristales sobre la superficie del cristal para comenzar limpiar?**

a) Horizontal.
b) Vertical.
c) Ligeramente inclinado a la derecha.
d) Es indiferente.

**49. ¿En qué posición es más habitual colocar el mango del rastrillo limpiacristales?**

a) Derecha.
b) Centro.
c) Izquierda.
d) Ligeramente a la derecha o izquierda, para que sea más fácil llegar a las esquinas.

**50. ¿Cuántas veces se limpian los aseos públicos?**

a) Una.
b) Diaria.
c) Dos.
d) Cuantas sea necesario en función de la ocupación.

**51. ¿Qué es lo primero que se limpia en el aseo?**

a) Lavabo.
b) Bidé.
c) Bañera.
d) Inodoro.

**52. ¿Qué tipos de aseos públicos podemos encontrar?**

a) Para mujeres.
b) Para hombres.
c) Para personas con discapacidad.
d) Todas las respuestas son correctas.

**53. ¿A qué altura estará el lavabo en un aseo para personas con discapacidad?**

a) 50 cm.
b) 70 cm.
c) 90 cm.
d) 1 m.

**54. ¿Cuál de estas características corresponde a un aseo de personas con discapacidad?**

a) Lavabo a altura de 90 cm., sin pie ni mueble, que permita el acercamiento y uso con silla de ruedas.
b) Grifos de accionamiento por giro.
c) Barras de apoyo a altura adecuada ancladas firmemente junto al inodoro.
d) Papel higiénico y accesorios cercanos al suelo.

**55. ¿Qué es correcto sobre la limpieza de urinarios?**

a) Se realizará de la misma forma que la limpieza de inodoros.
b) Es conveniente que la solución permanezca en el interior del urinario durante unos minutos.
c) Para la suciedad mineral se utilizará detergente ácido y después se tirará de la cadena.
d) Todas las respuestas son correctas.

**56. ¿Cómo se realizará la limpieza de cuartos de baños y aseos?**

a) En húmedo.
b) Realizando limpieza y desinfección simultáneamente.
c) Se fregará el suelo con el sistema de doble cubo.
d) Todas las respuestas son correctas.

**57. ¿Qué característica de las siguientes tendrá un buen desinfectante?**

a) Altamente soluble.
b) De olor desagradable.
c) No inocuo para la colectividad.
d) Corrosivo.

**58. La limpieza de servicios:**

a) Debe ser meticulosa.
b) Requiere el uso de guantes.
c) No es importante.
d) Son correctas la a) y la b).

**59. La suciedad grasa o materia orgánica:**

a) Es la suciedad diaria.
b) Requiere el uso de solución de detergente neutro.
c) Es así como se llama al sarro y óxido.
d) Son correctas la a) y la b).

**60. En limpieza de servicios hay que tener en cuenta:**

a) Limpiar de lo menos sucio a lo más sucio para evitar contaminaciones.
b) Utilizar muchos productos.
c) Preocuparse únicamente del suelo.
d) Ninguna es correcta.

**61. En los servicios se debe:**

a) Reponer el papel higiénico, jabón, toallas,...
b) Vaciar papeleras.
c) Dejar correr el agua de los urinarios...
d) Todas son correctas.

**62. El detergente ácido:**

a) Se empleará para quitar la suciedad de diario.
b) Sólo sirve para eliminar el óxido, sarro, cal,...
c) Se utilizará después de haber limpiado.
d) Son correctas la b) y la c).

**63. En la limpieza de los servicios debemos tener en cuenta que hay dos tipos de suciedades, que son:**

a) La grasa y la inorgánica.
b) La grasa y la sólida.
c) La grasa y la mineral.
d) Ninguna de las opciones anteriores es correcta.

**64. Señala la opción incorrecta con respecto a las características que ha de tener un buen desinfectante:**

a) No será inflamable.
b) Será estable en su almacenamiento.
c) De acción eficaz y rápida a temperatura ambiente.
d) Debe ser sensible a las variaciones de pH.

# Solución al test n.º 2

**1.** d) Todas las respuestas son correctas.

**2.** b) El fregado con un solo cubo solo.

**3.** c) Aspiraremos en primer lugar las superficies que menos se ensucian y, posteriormente las que más se ensucian (y si es preciso dos o tres veces).

**4.** b) Suelos textiles.

**5.** a) Suelos de cerámica.

**6.** a) Se lavarán con agua y detergente neutro.

**7.** d) Son correctas la a) y la b).

**8.** a) Se humedecerán los papeles y carteles pegados a la superficie y se dejará actuar un rato.

**9.** c) Son correctas la a) y la b).

**10.** c) La presión y la temperatura variarán según el material de que esté compuesta la superficie.

**11.** d) Todas son correctas.

**12.** d) Todas son correctas.

**13.** b) No superior al 2 % para limpieza de paredes con grasa.

**14.** d) Las opciones a) y c) son correctas.

**15.** b) Se pulveriza el mop-sec con producto capta-polvo al menos 10 minutos antes de su utilización.

**16.** c) Con goma de borrar.

**17.** a) Se deberá eliminar el polvo de las mismas una vez al mes.

c) Reciclado, reducción, reutilización y eliminación.
d) Eliminación, reciclado, reutilización y reducción.

**11. ¿Qué es la valorización de los residuos?**

a) Cualquier procedimiento que permita el aprovechamiento de los recursos conteni-dos en los residuos, sin poner en peligro la salud humana.
b) La reducción de los residuos.
c) La reutilización de los residuos, sin poner en peligro la salud humana.
d) Ninguna respuesta es correcta.

**12. ¿Cuáles de los siguientes parámetros se usan para definir la calidad del agua?**

a) Concentración, temperatura y turbidez.
b) DBO y DQO.
c) CFCs y COVs.
d) Las respuestas a) y b) son correctas.

**13. ¿Qué consecuencias tiene la concentración de materia orgánica en el agua de los ríos?**

a) La eutrofización.
b) La proliferación de todas las especies animales.
c) El aumento de la biodiversidad.
d) Todas las anteriores son consecuencias.

**14. ¿A partir de qué intensidad de ruido se entra en el umbral del dolor para el oído humano?**

a) 80 dB.
b) 120 dB.
c) 20 dB.
d) 1200 dB.

**15. ¿Qué contenido contaminante lleva el agua procedente del fregado de la vajilla?**

a) Restos de suciedades orgánicas.
b) Resto de productos.
c) Ambas respuestas son correctas.
d) Ambas respuestas son falsas.

**16. ¿Qué efectos tienen los fosfatos que componen los detergentes?**

a) Eutrofización de las aguas.
b) Contaminación atmosférica.

c) Contaminación lumínica.
d) Cambios de pH.

**17. ¿Qué es la biodegradabilidad?**

a) La capacidad no contaminante.
b) La capacidad de ser degradado de forma natural.
c) Una propiedad de todos los detergentes.
d) La posibilidad de acumulación en los ríos.

**18. Los productos de limpieza en seco, ¿son contaminantes?**

a) Sí, porque llevan disolventes.
b) No.
c) Sí, porque llevan tensioactivos.
d) No, porque sólo generan espuma.

**19. ¿Qué son los lodos de depuración?**

a) Restos de alimentos que se vierten en el agua.
b) Restos de contaminantes y bacterias muertas que se vierten con el agua.
c) Restos de contaminantes y bacterias muertas resultantes del proceso de depuración de agua.
d) Residuos reutilizables para depuración.

**20. Con carácter general, ¿qué tratamiento se le dará inicialmente a los lodos de depuración?**

a) Compostaje.
b) Tratados en las EDAR.
c) Depósito en vertederos.
d) Incineración.

**21. ¿Dónde se definió el desarrollo sostenible?**

a) Conferencia de Estocolmo.
b) Declaración de Río.
c) Informe Brundtland.
d) Ninguna respuesta es correcta.

**22. Según la declaración de Río, ¿qué finalidad engloba el concepto de desarrollo sostenible?**

a) El desarrollo ambiental.
b) La sostenibilidad económica.

c) La equidad social.
d) El desarrollo social.

**23. Según la declaración de Río, ¿cómo se define el reparto de los bienes naturales para mejorar las condiciones de vida generales?**

a) Desarrollo sostenible.
b) Desarrollo económico.
c) Equidad social.
d) Sostenibilidad ambiental.

**24. ¿Dónde tuvo lugar la primera Conferencia Mundial sobre problemática ambiental?**

a) Río.
b) Estocolmo.
c) Alemania.
d) Ninguna respuesta es correcta.

**25. ¿Cómo se llama el informe publicado en 1987 por la Comisión Mundial del Medio Ambiente y el Desarrollo?**

a) Berger.
b) Informe sobre desarrollo sostenible y medio ambiente.
c) Brundtland.
d) Informe general de protección ambiental.

**26. ¿Llega a la superficie terrestre toda la energía emitida por el Sol?**

a) Sí.
b) No, solo la radiación ultravioleta.
c) No, solo la luz visible.
d) Tanto la luz visible como la ultravioleta.

**27. ¿Cuál de los siguientes gases no produce un efecto invernadero?**

a) CFC.
b) Metano.
c) Oxígeno.
d) Dióxido de carbono.

**28. ¿Qué efecto directo tiene el calentamiento global de la tierra?**

a) Se suavizan las temperaturas.
b) Se extreman las temperaturas.
c) Se produce un cambio climático.
d) Ninguna respuesta es correcta.

**29. ¿Qué ocurre como consecuencia del deshielo de glaciares?**

a) Disminución del nivel del mar.
b) Inundación de zonas costeras.
c) Disminución de la temperatura ambiental.
d) Todas las respuestas son ciertas.

**30. ¿Qué función tiene la capa de ozono?**

a) Impedir el paso de la radiación solar.
b) Impedir la salida de la radiación emitida por la tierra.
c) Impedir la salida de partículas acumuladas en la atmósfera.
d) Todas las respuestas son correctas.

**31. ¿Qué problemas origina la basura orgánica?**

a) Son un medio ideal para la multiplicación de los microorganismos.
b) Atraen frecuentemente insectos, roedores y otros animales que ayudan a la propagación de algunas enfermedades.
c) Empiezan a descomponerse en poco tiempo y generan mal olor.
d) Todas las respuestas son correctas.

**32. ¿Cómo se clasifican los residuos generados en la cocina de un centro público?**

a) Urbanos.
b) Sanitarios urbanos.
c) Sanitarios asimilables a urbanos.
d) Citotóxicos y biosanitarios.

**33. ¿Cuál de las siguientes afirmaciones no es correcta?**

a) Los desperdicios de alimentos y de otro tipo podrán acumularse en locales por los que circulen alimentos.
b) Los desperdicios de alimentos y de otro tipo se depositarán en contenedores provistos de cierre, a menos que la autoridad competente permita el uso de otros contenedores.
c) Los depósitos de desperdicios estarán diseñados de forma que puedan mantenerse limpios e impedir el acceso de insectos y otros animales indeseables y la contaminación de los alimentos, del agua potable, del equipo o de los locales.
d) Las opciones a) y c) no son correctas.

**34. ¿Qué son los envases?**

a) Recipientes que se utilizan para acumular directamente los residuos.
b) Recipientes que se utilizan para acumular bolsas.
c) Contenedores.
d) Las opciones b) y c) son correctas.

**35. ¿Qué características tendrán los contenedores de basura?**

a) Impermeables.
b) De fácil limpieza.
c) Con tapa de cierre hermético.
d) Todas las respuestas son correctas.

**36. ¿Qué requisitos debe cumplir el traslado interno de los residuos?**

a) Supondrá un riesgo para el personal.
b) No se trasvasarán residuos de un envase a otro.
c) Los circuitos utilizados no serán de uso exclusivo.
d) Todas las respuestas son correctas.

**37. ¿Qué afirmación es correcta?**

a) Los depósitos intermedios para residuos no tendrán salida al exterior para evitar el acceso de personas no autorizadas.
b) Los depósitos intermedios serán refrigerados para evitar la proliferación de microorganismos.
c) Los depósitos intermedios no dispondrán de ventilación para evitar la propagación de olores.
d) Todas las afirmaciones anteriores son correctas.

**38. ¿Qué se debe hacer con los aceites usados?**

a) Deben recogerse en recipientes metálicos especiales para su posterior incineración.
b) Se tirarán por el desagüe.
c) No son contaminantes, por lo que no requieren ningún tratamiento especial.
d) Se depositan en los vertederos.

**39. ¿Qué características tendrán los contenedores de residuos alimenticios?**

a) Impermeables.
b) Con tapa de cierre hermético.
c) Con sistema de apertura por pedal.
d) Todas las respuestas son correctas.

**40. ¿Qué es falso sobre los depósitos intermedios de residuos?**

a) Serán refrigerados.
b) Tendrán entrada desde la cocina y salida al exterior.
c) Es el lugar donde se llevará a cabo la destrucción de los residuos.
d) Las opciones a) y b) son falsas.

**41. ¿Cómo serán los circuitos utilizados para el traslado interno de residuos?**

a) Exclusivos.
b) Separados de las vías para público.
c) De un solo sentido.
d) Las opciones a) y b) son correctas.

**42. ¿Cómo puede eliminarse los residuos sólidos asimilables a urbanos?**

a) Triturándolos en vertederos controlados.
b) Depositándolos en vertederos incontrolados.
c) Por incineración.
d) Todas las respuestas son correctas.

**43. La Ley de residuos y suelos contaminados para una economía circular tiene por objeto:**

a) Regular el régimen jurídico aplicable a la puesta en el mercado de productos en relación con el impacto en la gestión de sus residuos.
b) Regular el régimen jurídico de la prevención, producción y gestión de residuos, incluyendo el establecimiento de instrumentos económicos aplicables en este ámbito.
c) Regular el régimen jurídico aplicable a los suelos contaminados.
d) Todas las respuestas anteriores son correctas.

**44. La Ley de residuos y suelos contaminados para una economía circular es de aplicación:**

a) A los residuos radiactivos.
b) A las materias fecales, paja y otro material natural, agrícola o silvícola, no peligroso, utilizado en explotaciones agrícolas y ganaderas, en la silvicultura o en la producción de energía a base de esta biomasa, mediante procedimientos o métodos que no pongan en peligro la salud humana o dañen el medio ambiente.
c) A todo tipo de residuos, con algunas exclusiones.
d) A los explosivos desclasificados.

**45. La Ley 7/2022, de 8 de abril, será aplicable:**

a) A los cadáveres de animales que hayan muerto de forma diferente al sacrificio, incluidos los que han sido muertos con el fin de erradicar epizootias.
b) A los subproductos animales y sus productos derivados, cuando se destinen a la incineración, a los vertederos o sean utilizados en una planta de digestión anaerobia, de compostaje o de obtención de combustibles.
c) A las aguas residuales.
d) A los residuos resultantes de la prospección, de la extracción, del tratamiento o del almacenamiento de recursos minerales, así como de la explotación de canteras.

**46. Se excluirán del ámbito de aplicación de la Ley 7/2022, de 8 de abril, los sedimentos reubicados en el interior de las aguas superficiales a efectos de gestión de las aguas y de las vías navegables, de prevención de las inundaciones o de mitigación de los efectos de las inundaciones y de las sequías, o de creación de nuevas superficies de terreno, si se demuestra:**

a) Que dichos sedimentos son residuos.
b) Que dichos sedimentos no son residuos.
c) Que dichos sedimentos no son peligrosos.
d) Ninguna de las respuestas anteriores es correcta.

**47. A los efectos de la Ley 7/2022, de 8 de abril, de residuos y suelos contaminados para una economía circular, se entenderá por residuo:**

a) Cualquier sustancia que su poseedor deseche.
b) Cualquier objeto que su poseedor tenga la intención de desechar.
c) Cualquier sustancia que su poseedor tenga la obligación de desechar.
d) Todas las respuestas son correctas.

**48. No se considera un residuo doméstico:**

a) Los residuos que se generan en los hogares de aparatos eléctricos y electrónicos, ropa, pilas, acumuladores, muebles y enseres.
b) Los residuos y escombros procedentes de obras menores de construcción y reparación domiciliaria.
c) Los residuos generados en los hogares, servicios e industrias, como consecuencia de las actividades domésticas.
d) Los residuos generados por la actividad propia del comercio, al por mayor y al por menor, de los servicios de restauración y bares, de las oficinas y de los mercados, así como del resto del sector servicios.

**49. Los residuos procedentes de limpieza de vías públicas, zonas verdes, áreas recreativas y playas, tendrán la consideración de:**

a) Residuos comerciales.
b) Residuos industriales.
c) Residuos domésticos.
d) Residuos peligrosos.

**50. Son residuos industriales:**

a) Los vehículos abandonados.
b) Los residuos que se generan en los hogares de aparatos eléctricos y electrónicos, ropa, pilas, acumuladores, muebles y enseres.

c) Los residuos generados por la actividad propia del comercio, al por mayor y al por menor, de los servicios de restauración y bares, de las oficinas y de los mercados, así como del resto del sector servicios.

d) Los residuos resultantes de los procesos de producción, fabricación, transformación, utilización, consumo, limpieza o mantenimiento generados por la actividad industrial como consecuencia de su actividad principal.

**51. Los animales domésticos muertos, tienen la consideración de:**

a) Residuos domésticos.
b) Residuos comerciales.
c) Residuos industriales.
d) No tienen la consideración de residuo.

**52. El residuo peligroso:**

a) Es aquel que presenta una o varias características peligrosas.
b) Es aquel que puede aprobar el Gobierno de conformidad con lo establecido en la normativa europea o en los convenios internacionales de los que España sea parte.
c) Los recipientes y envases que hayan contenido residuos peligrosos.
d) Todas las respuestas son correctas.

**53. Los vehículos abandonados tienen la consideración de:**

a) Residuos comerciales.
b) Residuos domésticos.
c) Residuos industriales.
d) Residuos peligrosos.

**54. Se consideran aceites usados todos los aceites industriales o de lubricación, de origen mineral, natural o sintético, que hayan dejado de ser aptos para el uso originalmente previsto. Entre ellos no se encuentran:**

a) Los aceites usados de motores de combustión y los aceites de cajas de cambios.
b) Los aceites usados en el entorno doméstico.
c) Los aceites lubricantes.
d) Los aceites para turbinas y los aceites hidráulicos.

**55. Se considera biorresiduo:**

a) Los residuos alimenticios y de cocina procedentes de hogares.
b) Los residuos alimenticios y de cocina procedentes de restaurantes y servicios de restauración colectiva.
c) Los residuos alimenticios y de cocina procedentes de establecimientos de venta al por menor.
d) Todas las respuestas anteriores son correctas.

**56. La Ley 7/2022, de 8 de abril, define «prevención» al conjunto de medidas adoptadas en la fase de concepción y diseño, de producción, de distribución y de consumo de una sustancia, material o producto para reducir:**

a) La cantidad de residuo, incluso mediante la reutilización de los productos o el alargamiento de la vida útil de los productos.

b) Los impactos adversos sobre el medio ambiente y la salud humana de los residuos generados, incluyendo el ahorro en el uso de materiales o energía.

c) El contenido de sustancias nocivas en materiales y productos.

d) Todas las respuestas anteriores son correctas.

**57. No se incluye en la definición de «productor de residuos»:**

a) Las personas físicas o jurídicas que estén en posesión de residuos.

b) Cualquier persona física cuya actividad produzca residuos (productor inicial de residuos).

c) Cualquier persona que efectúe operaciones de tratamiento previo, de mezcla o de otro tipo, que ocasionen un cambio de naturaleza o de composición de esos residuos.

d) Cualquier persona jurídica cuya actividad produzca residuos (productor inicial de residuos).

**58. A toda persona física o jurídica que organiza la valorización o la eliminación de residuos por encargo de terceros, se define por la Ley 7/2022, de 8 de abril, como:**

a) Productor de residuos.

b) Negociante.

c) Agente.

d) Poseedor de residuos.

**59. Toda persona física o jurídica que actúe por cuenta propia en la compra y posterior venta de residuos, se define por la Ley 7/2022, de 8 de abril, como:**

a) Productor de residuos.

b) Negociante.

c) Agente.

d) Poseedor de residuos.

**60. Según la Ley 7/2022, de 8 de abril, ¿qué se entiende por «recogida»?**

a) La recogida, el transporte y tratamiento de los residuos, incluida la vigilancia de estas operaciones, así como el mantenimiento posterior al cierre de los vertederos, incluidas las actuaciones realizadas en calidad de negociante o agente.

b) Cualquier operación mediante la cual productos o componentes de productos que no sean residuos se utilizan de nuevo con la misma finalidad para la que fueron concebidos.

c) La operación consistente en el acopio, la clasificación y almacenamiento iniciales de residuos, de manera profesional, con el objeto de transportarlos posteriormente a una instalación de tratamiento.

d) Las operaciones de valorización o eliminación, incluida la preparación anterior a la valoración o eliminación.

**61. La recogida en la que un flujo de residuos se mantiene por separado, según su tipo y naturaleza, para facilitar un tratamiento específico se define como:**

a) Gestión de residuos.
b) Tratamiento.
c) Recogida separada.
d) Reutilización.

**62. Indique cuál de las siguientes es una operación de valorización consistente en la comprobación, limpieza o reparación, mediante la cual productos o componentes de productos que se hayan convertido en residuos se preparan para que puedan reutilizarse sin ninguna otra transformación previa:**

a) Preparación para la reutilización.
b) Reciclado.
c) Reutilización.
d) Eliminación.

**63. ¿Cuál de las siguientes definiciones se relaciona con el «reciclado»?**

a) Cualquier operación de reciclado que permita producir aceites de base mediante el refinado de aceites usados, en particular mediante la retirada de los contaminantes, los productos de la oxidación y los aditivos que contengan dichos aceites.

b) Cualquier operación que no sea la valorización, incluso cuando la operación tenga como consecuencia secundaria el aprovechamiento de sustancias o energía.

c) Toda operación de valorización mediante la cual los materiales de residuos son transformados de nuevo en productos, materiales o sustancias, tanto si es con la finalidad original como con cualquier otra finalidad.

d) La operación de valorización consistente en la comprobación, limpieza o reparación, mediante la cual productos o componentes de productos que se hayan convertido en residuos se preparan para que puedan reutilizarse sin ninguna otra transformación previa.

**64. La operación de reciclado incluye:**

a) La transformación del material orgánico.
b) La valorización energética.
c) La transformación en materiales que se vayan a usar como combustibles.
d) Las operaciones de relleno.

**65. ¿Qué concepto se vincula con la siguiente definición: material orgánico higienizado y estabilizado obtenido a partir del tratamiento controlado biológico aerobio y termófilo de residuos biodegradables recogidos separadamente?**

a) Suelo contaminado.
b) Material bioestabilizado.
c) Compost.
d) Aceite usado.

**66. Señala cuál de las siguientes opciones son incorrectas. Una sustancia u objeto, resultante de un proceso de producción, cuya finalidad primaria no sea la producción de esa sustancia u objeto, puede ser considerada como subproducto y no como residuo, cuando se cumplan cuatro condiciones:**

a) Que se tenga la seguridad de que la sustancia u objeto va a ser utilizado ulteriormente.
b) Que la sustancia u objeto se tenga que someter a una transformación ulterior distinta de la práctica industrial habitual.
c) Que la sustancia u objeto se produzca como parte integrante de un proceso de producción.
d) Que el uso ulterior cumpla todos los requisitos pertinentes relativos a los productos así como a la protección de la salud humana y del medio ambiente, sin que produzca impactos generales adversos para la salud humana o el medio ambiente.

**67. ¿Qué ley ha venido a derogar la nueva Ley 7/2022, de 8 de abril, de residuos y suelos contaminados para una economía circular?**

a) La Ley 37/2009, de 17 de enero, de residuos y suelos contaminados.
b) La Ley 33/2010, de 9 de abril, de residuos y suelos contaminados.
c) La Ley 5/2011, de 30 de septiembre, de residuos y suelos contaminados.
d) La Ley 22/2011, de 28 de julio, de residuos y suelos contaminados.

**68. La Ley 7/2022, de 8 de abril, de residuos y suelos contaminados para una economía circular, no es aplicable a:**

a) Los explosivos desclasificados.
b) Los suelos contaminados.
c) Los productos fabricados con plástico oxodegradable.
d) Los artes de pesca que contienen plásticos.

**69. A tenor de la Ley 7/2022, de 8 de abril, la persona física o jurídica, pública o privada, registrada mediante autorización o comunicación que realice cualquiera de las operaciones que componen la gestión de los residuos, sea o no el productor de los mismos, se define como:**

a) Negociante.
b) Gestor de residuos.

c) Manipulador de residuos.

d) Intermediario.

**70. ¿Cómo define la Ley de residuos y suelos contaminados para una economía circular a toda persona física o jurídica que actúe por cuenta propia en la compra y posterior venta de residuos, incluidas aquellas que no tomen posesión física de los residuos?**

a) Negociante.

b) Tratante.

c) Manipulador de residuos.

d) Intermediario.

**71. Toda operación de valorización en la que se utilizan residuos no peligrosos aptos para fines de regeneración en zonas excavadas o para obras de ingeniería paisajística, se denomina en la nueva Ley de residuos y suelos contaminados para una economía circular como:**

a) Relleno.

b) Colmado.

c) Picado.

d) Batido.

**72. Cualquier operación cuyo resultado principal sea que el residuo sirva a una finalidad útil al sustituir a otros materiales, que de otro modo se habrían utilizado para cumplir una función particular o que el residuo sea preparado para cumplir esa función en la instalación o en la economía en general, es definida por la Ley 7/2022, de 8 de abril, como:**

a) Valorización.

b) Tratamiento.

c) Biotransformación.

d) Biotratamiento.

**73. Cualquier operación mediante la cual productos o componentes de productos que no sean residuos se utilizan de nuevo con la misma finalidad para la que fueron concebidos, es denominada en la Ley de residuos y suelos contaminados para una economía circular como:**

a) Biotransformación.

b) Valorización.

c) Reutilización.

d) Reciclaje.

**74. La Ley 7/2022, de 8 de abril, de residuos y suelos contaminados para una economía circular, define como residuos domésticos a:**

a) Los residuos peligrosos generados en los hogares como consecuencia de las actividades domésticas.

b) Los similares en composición y cantidad a los residuos peligrosos o no peligrosos generados en los hogares como consecuencia de las actividades domésticas generados en servicios e industrias, que no se generen como consecuencia de la actividad propia del servicio o industria.

c) Los residuos no peligrosos generados en los hogares como consecuencia de las actividades domésticas.

d) Todas las respuestas son correctas.

**75. ¿Cómo define la Ley 7/2022, de 8 de abril, a cualquier sustancia u objeto que su poseedor deseche o tenga la intención o la obligación de desechar?**

a) Resto.
b) Sobrante.
c) Despojo.
d) Residuo.

**76. ¿Qué consideración otorga la Ley 7/2022, de 8 de abril, a los residuos procedentes de los servicios de restauración y bares?**

a) Residuos industriales.
b) Residuos domésticos.
c) Residuos agrarios y silvícolas.
d) Residuos comerciales.

**77. Los residuos peligrosos del hogar y residuos voluminosos, incluidos los colchones y los muebles, tienen la consideración en la Ley 7/2022, de 8 de abril, de residuos y suelos contaminados para una economía circular, de:**

a) Residuos municipales.
b) Residuos industriales.
c) Residuos domésticos.
d) Residuos comerciales.

**78. Los escombros procedentes de obras menores de construcción y reparación domiciliaria, tienen la consideración en la Ley 7/2022, de 8 de abril, de residuos y suelos contaminados para una economía circular, de:**

a) Residuos industriales.
b) Residuos municipales.
c) Residuos de construcción y demolición.
d) Residuos domésticos.

# Solución al test n.º 3

**1.** c) Aquel que satisface las necesidades de las generaciones presentes, sin comprometer las posibilidades de las generaciones futuras para atender las suyas.

**2.** d) Todas las respuestas son correctas.

**3.** a) Que la protección y conservación del medio ambiente debe basarse en el concepto de desarrollo sostenible.

**4.** b) Un programa de acción para alcanzar los objetivos del desarrollo sostenible en todos los países.

**5.** a) El calentamiento de la tierra.

**6.** d) Las opciones a) y c) son correctas.

**7.** d) Todas las respuestas son correctas.

**8.** b) Resulta perjudicial para la salud humana a elevadas concentraciones.

**9.** c) Los contaminantes del suelo no van a entrar en la cadena trófica.

**10.** a) Reducción, reutilización, reciclado, eliminación y otras formas de valorización.

**11.** a) Cualquier procedimiento que permita el aprovechamiento de los recursos contenidos en los residuos, sin poner en peligro la salud humana.

**12.** d) Las respuestas a) y b) son correctas.

**13.** a) La eutrofización.

**14.** b) 120 dB.

**15.** c) Ambas respuestas son correctas.

**16.** a) Eutrofización de las aguas.

**17.** b) La capacidad de ser degradado de forma natural.

**18.** a) Sí, porque llevan disolventes.

**19.** c) Restos de contaminantes y bacterias muertas resultantes del proceso de depuración de agua.

**20.** b) Tratados en las EDAR.

**21.** b) Declaración de Río.

**22.** c) La equidad social.

**23.** c) Equidad social.

**24.** b) Estocolmo.

**25.** c) Brundtland.

**26.** c) No, solo la luz visible.

**27.** c) Oxígeno.

**28.** c) Se produce un cambio climático.

**29.** b) Inundación de zonas costeras.

**30.** a) Impedir el paso de la radiación solar.

**31.** d) Todas las respuestas son correctas.

**32.** c) Sanitarios asimilables a urbanos.

**33.** a) Los desperdicios de alimentos y de otro tipo podrán acumularse en locales por los que circulen alimentos.

**34.** a) Recipientes que se utilizan para acumular directamente los residuos.

**35.** d) Todas las respuestas son correctas.

**36.** b) No se trasvasarán residuos de un envase a otro.

**37.** b) Los depósitos intermedios serán refrigerados para evitar la proliferación de microorganismos.

**38.** a) Deben recogerse en recipientes metálicos especiales para su posterior incineración.

**39.** d) Todas las respuestas son correctas.

**40.** c) Es el lugar donde se llevará a cabo la destrucción de los residuos.

**41.** d) Las opciones a) y b) son correctas.

**42.** c) Por incineración.

**43.** d) Todas las respuestas anteriores son correctas.

**44.** c) A todo tipo de residuos, con algunas exclusiones.

**45.** b) A los subproductos animales y sus productos derivados, cuando se destinen a la incineración, a los vertederos o sean utilizados en una planta de digestión anaerobia, de compostaje o de obtención de combustibles.

**46.** c) Que dichos sedimentos no son peligrosos.

**47.** d) Todas las respuestas son correctas.

**48.** d) Los residuos generados por la actividad propia del comercio, al por mayor y al por menor, de los servicios de restauración y bares, de las oficinas y de los mercados, así como del resto del sector servicios.

**49.** c) Residuos domésticos.

**50.** d) Los residuos resultantes de los procesos de producción, fabricación, transformación, utilización, consumo, limpieza o mantenimiento generados por la actividad industrial como consecuencia de su actividad principal.

**51.** a) Residuos domésticos.

**52.** d) Todas las respuestas son correctas.

**53.** b) Residuos domésticos.

**54.** b) Los aceites usados en el entorno doméstico.

**55.** d) Todas las respuestas anteriores son correctas.

**56.** d) Todas las respuestas anteriores son correctas.

**57.** a) Las personas físicas o jurídicas que estén en posesión de residuos.

**58.** c) Agente.

**59.** b) Negociante.

**60.** c) La operación consistente en el acopio, la clasificación y almacenamiento iniciales de residuos, de manera profesional, con el objeto de transportarlos posteriormente a una instalación de tratamiento.

**61.** c) Recogida separada.

**62.** a) Preparación para la reutilización.

**63.** c) Toda operación de valorización mediante la cual los materiales de residuos son transformados de nuevo en productos, materiales o sustancias, tanto si es con la finalidad original como con cualquier otra finalidad.

**64.** a) La transformación del material orgánico.

**65.** c) Compost.

**66.** b) Que la sustancia u objeto se tenga que someter a una transformación ulterior distinta de la práctica industrial habitual.

**67.** d) La Ley 22/2011, de 28 de julio, de residuos y suelos contaminados.

**68.** a) Los explosivos desclasificados.

**69.** b) Gestor de residuos.

**70.** a) Negociante.

**71.** a) Relleno.

**72.** a) Valorización.

**73.** c) Reutilización.

**74.** d) Todas las respuestas son correctas.

**75.** d) Residuo.

**76.** d) Residuos comerciales.

**77.** a) Residuos municipales.

**78.** d) Residuos domésticos.

# TEST N.º 4

**Manipulación de alimentos: principales riesgos, enfermedades de origen alimentario y medidas para su prevención. Prácticas correctas de higiene en la manipulación de los alimentos: superficies, locales, maquinarias y equipos. Normas de higiene personal**

**1. El botulismo se desarrolla principalmente en:**

a) Leche condensada.
b) Hortalizas.
c) Huevos.
d) Conservas.

**2. ¿Qué es el Anisakis?**

a) Un virus.
b) Un parásito.
c) Una bacteria.
d) Un hongo.

**3. ¿Cómo se denominan las enfermedades alimentarias debidas a la toxina de un microorganismo?**

a) Infecciones alimentarias.
b) Intoxicaciones alimentarias.
c) Toxiinfecciones alimentarias.
d) Enfermedades metabólicas.

**4. ¿En qué caso es más elevada la aparición de toxiinfecciones allmentarias?**

a) Paisas desarrollados.
b) Invierno.
c) Verano.
d) No hay variaciones.

**5. De acuerdo con el Real Decreto 1086/2020, de 9 de diciembre las comidas testigo se recogerán tras la elaboración y estarán claramente identificadas y fechadas, y conservadas en refrigeración:**

a) Durante un mínimo de 2 días a una temperatura igual o inferior a 2 ºC.
b) Durante un mínimo de 7 días a una temperatura igual o inferior a 4 ºC.
c) Durante un mínimo de 3 días a una temperatura igual o inferior a 3 ºC.
d) Durante un mínimo de 4 días a una temperatura igual o inferior a 5 ºC.

**6. ¿Qué modificaciones físicas pueden sufrir los alimentos como consecuencia de alteraciones provocadas por microorganismos?**

a) En la consistencia.
b) En la composición.
c) En la acidez.
d) En la formación de gases.

**7. ¿Qué tipo de alimento es el arroz?**

a) Perecedero.
b) Semiperecedero.
c) No perecedero.
d) Inestable.

**8. Cuando se consume carne de ave que está infectada por campilobacter, ¿qué tipo de transmisión se ha dado?**

a) Directa.
b) Indirecta.
c) Cruzada.
d) Horizontal.

**9. Cuando un alimento se contamina durante el almacenamiento por la presencia de ratas, ¿qué tipo de transmisión ha habido?**

a) Directa.
b) Indirecta.
c) Cruzada.
d) Horizontal.

**10. Cuando un manipulador transmite los microorganismos de los que es portador, ¿qué tipo de transmisión se produce?**

a) Directa.
b) Indirecta.

c) Cruzada.
d) Son correctas las respuestas b) y c).

**11. ¿Qué condiciones favorecen el desarrollo de microorganismos en el alimento?**

a) Composición del alimento.
b) Contenido en agua.
c) Temperatura.
d) Todas estas condiciones influyen.

**12. ¿A qué temperatura mueren la mayoría de los microorganismos?**

a) A -18 ºC.
b) A 50 ºC.
c) A 65 ºC.
d) A 100 ºC.

**13. ¿Por qué sobre el limón no crecen muchos microorganismos?**

a) Por su acidez.
b) Por su escaso contenido en agua.
c) Por la falta de nutrientes.
d) Por la temperatura de conservación.

**14. ¿En qué alimentos es más fácil la contaminación bacteriana?**

a) Aceite.
b) Azúcar.
c) Leche.
d) Harina.

**15. ¿Qué son las bacterias anaerobias?**

a) Las que necesitan oxígeno para vivir.
b) Las que viven en ausencia de oxígeno.
c) Las que permanecen latentes en condiciones adversas.
d) Ninguna respuesta es correcta.

**16. ¿En qué condiciones se desarrolla la bacteria Salmonella?**

a) A temperatura ambiente.
b) En la carne picada.
c) En la leche sin pasteurizar.
d) Todas las respuestas indican condiciones adecuadas para el desarrollo de la bacteria.

### 17. ¿Cuál puede ser la causa de la contaminación por estafilococo?

a) Presencia de animales en la cocina.
b) Mala manipulación.
c) Animal de producción enfermo.
d) Todas las respuestas son correctas.

### 18. ¿Cómo se destruye el *Clostridium botulinum*?

a) Por congelación.
b) A 65 °C en el centro del producto.
c) A 120 °C durante 20 minutos.
d) No se destruye con la temperatura.

### 19. ¿Cuál es el periodo de incubación de Shigella?

a) Minutos.
b) Horas.
c) Días.
d) Meses.

### 20. ¿Cuál de las siguientes bacterias se puede encontrar en las ostras?

a) Yersinia.
b) Campilobacter.
c) Bacillus.
d) Estafilococo.

### 21. ¿Cuál de las siguientes bacterias se puede encontrar en la harina?

a) Yersinia.
b) Campilobacter.
c) Bacillus.
d) Estafilococo.

### 22. ¿Qué síntomas se producen en la brucelosis?

a) Fiebre, dolor de cabeza y pérdida de apetito.
b) Fiebre, dolor muscular y parálisis facial.
c) Diarreas hemorrágicas.
d) Ninguno de los anteriores.

### 23. ¿Qué es Vibrio?

a) Una bacteria.
b) Un virus.

c) Una toxina.
d) Un parásito.

### 24. ¿De dónde proceden las micotoxinas?

a) Alimentos.
b) Hongos.
c) Agua.
d) Vías respiratorias altas.

### 25. ¿Qué problemas causa el virus Norwalk?

a) Hemorragia.
b) Parálisis.
c) Gastroenteritis.
d) Muerte.

### 26. ¿Qué enfermedad es la Encefalopatía espongiforme bovina?

a) Enfermedad de las vacas locas.
b) Hepatitis A.
c) Cólera.
d) Ninguna de las anteriores.

### 27. ¿Qué alimento puede portar el parásito causante de la triquinosis?

a) Fruta.
b) Pescado.
c) Carne.
d) Verdura.

### 28. ¿Qué enfermedad se previene con la congelación del pescado?

a) Anisomiasis.
b) Botulismo.
c) Gastroenteritis.
d) Hepatitis.

### 29. ¿Dónde se desarrolla Giardia?

a) En la carne.
b) En la tierra.
c) En el agua.
d) En los ganglios.

**30. Uno de los factores que influyen en el desarrollo de las enfermedades de transmisión alimentaria es:**

a) Contaminación cruzada entre productos crudos y cocinados.
b) Cocción insuficiente de los alimentos.
c) Mantener los alimentos a temperatura ambiente en lugar del refrigerador.
d) Todas son correctas.

**31. Ante una infección o intoxicación alimentaria, se debe:**

a) Comunicarlo de inmediato a la autoridad sanitaria competente.
b) Tratar de recordar y anotar la relación de menús y alimentos. consumidos por el grupo de personas afectadas, así como la fecha y el lugar donde se adquirieron.
c) Conservar aislados y refrigerados del resto de alimentos, ya que su análisis puede ser decisivo a la hora de encontrar la causa del problema.
d) Todas son correctas.

**32. ¿Cómo se garantiza el control del proceso de producción de alimentos?**

a) Mediante el sello de calidad ISO.
b) Mediante la implantación del Sistema de Análisis de Peligros y Puntos de Control Crítico.
c) Contratando una auditoría externa.
d) Todas las respuestas son correctas.

**33. ¿Qué es cierto sobre el sistema APPCC?**

a) Define las medidas preventivas.
b) Tiene carácter correctivo.
c) Se aplica para el control una vez aparecido el problema.
d) Todas las respuestas son ciertas.

**34. ¿Para qué sirve el análisis cuando aparece un brote de toxiinfección alimentaria?**

a) Para prevenir.
b) Para detectar rápidamente la causa.
c) Para eliminar la contaminación.
d) Para nada.

**35. ¿Cómo son los procedimientos de autocontrol?**

a) Adecuados a la naturaleza del alimento.
b) Adecuados a los procesos.
c) Adecuados a las características del establecimiento.
d) Debe cumplir las condiciones expuestas en a), b) y c).

### 36. ¿Qué representa el plato testigo?

a) Las diferentes comidas preparadas, servidas y consumidas diariamente.
b) La muestra de uno de los platos servidos en menú y elegidos al azar.
c) Una muestra de comida contaminada.
d) Una muestra de comida en condiciones higiénicas no adecuadas.

### 37. ¿Cómo se determina el valor aceptable de un punto de control crítico?

a) Estableciendo los límites críticos.
b) Con el último valor obtenido en los análisis.
c) Con la media de los valores obtenidos en los últimos análisis.
d) Es imposible determinar ese valor.

### 38. Si una muestra presenta contaminación, ¿cuál es la causa?

a) Contaminación de la materia prima.
b) Contaminación del plato elaborado.
c) Contaminación de la muestra durante la recogida.
d) Cualquiera de las causas anteriores es posible.

### 39. ¿Cuál es la temperatura adecuada para el traslado de muestras al laboratorio?

a) 1 – 2 ºC.
b) 4 – 6 ºC.
c) 10 – 18 ºC.
d) -18 ºC.

### 40. ¿Qué riesgo tiene mantener la comida preparada a temperatura inadecuada?

a) El aumento excesivo de sabor.
b) La volatilización de los aromas.
c) El crecimiento de microorganismos.
d) No tiene ningún riesgo.

### 41. ¿Quién impartirá la formación a los manipuladores de alimentos?

a) La propia empresa o una entidad autorizada por la autoridad sanitaria competente.
b) La propia empresa siempre.
c) La autoridad competente.
d) Una empresa auditora.

### 42. Garantizarán que los manipuladores de alimentos dispongan de una formación adecuada en higiene de los alimentos de acuerdo con su actividad laboral:

a) Las empresas del sector alimentario.
b) La Comunidad Autónoma respectiva.

c) La autoridad sanitaria competente.

d) Las opciones a) y b) son correctas.

### 43. ¿Qué se entiende por productos primarios?

a) Los productos de producción primaria, incluidos los de la tierra, ganadería, caza y pesca.

b) Los productos de producción agrícola exclusivamente.

c) Todos los productos de elaboración básica.

d) Los productos precocinados.

### 44. Para garantizar la protección de los productos primarios contra focos de contaminación, ¿qué medida/s higiénica/s tendrá en cuenta la empresa alimentaria?

a) Mantendrán limpias las instalaciones, equipos, contenedores y vehículos.

b) Evitarán la contaminación por plagas u otros animales, residuos y sustancias peligrosas.

c) Vigilarán el buen estado de salud de los manipuladores, y se asegurarán de que reciben la formación necesaria sobre riesgos sanitarios.

d) Todas las respuestas son correctas.

### 45. ¿Qué requisitos exige el Reglamento 852/2004 del Parlamento Europeo, para los locales destinados a los productos alimenticios?

a) Habrá ventilación artificial para evitar tener que hacer control de temperatura.

b) Se evitarán las corrientes de aire desde zonas contaminadas a zonas limpias.

c) Dispondrán siempre de buena iluminación natural.

d) Todas las respuestas son correctas.

### 46. ¿Qué características tendrán las superficies donde se manipulen alimentos?

a) Serán de materiales porosos con fácil absorción.

b) Las superficies serán rugosas para evitar el deslizamiento de los materiales durante la manipulación.

c) Serán de materiales lisos, lavables, resistentes a la corrosión y no tóxicos.

d) No hay requisitos sobre las características de los materiales que entren en contacto con los alimentos, tan solo se deberán mantener limpios.

### 47. Los contenedores utilizados para transporte de productos alimenticios, ¿podrán transportar algo que no sean productos alimenticios?

a) No, nunca.

b) Sí, siempre que exista una separación efectiva de los productos para evitar contaminación.

c) Sí. No tienen por qué ser exclusivos para productos alimenticios.

d) Cada producto debe ir obligatoriamente en un contenedor, aunque podrá ser transportado en el mismo vehículo.

PARTE ESPECÍFICA. TEST N.º 4

**48. El Reglamento 852/2004 establece las disposiciones aplicables a los productos alimenticios. Indica cuál de las siguientes es falsa:**

a) Las materias primas e ingredientes se almacenarán en condiciones adecuadas, que permitan evitar su deterioro y protegerlos de la contaminación.

b) Las materias primas o productos no deberán conservarse a temperaturas que puedan dar lugar a riesgos para la salud.

c) Cuando un operador de empresa alimentaria prevea razonablemente que una materia prima pueda estar contaminada, la someterá a cocción prolongada para eliminar los microorganismos.

d) La descongelación se hará de modo que se reduzca al mínimo el riesgo de multiplicación de microorganismos patógenos o la formación de toxinas.

**49. ¿Qué objetivos tiene la formación de los manipuladores de alimentos?**

a) Actualizar los cambios normativos y tecnológicos.

b) Mejorar los hábitos de los manipuladores y promover las prácticas correctas.

c) Responder a las exigencias de la normativa vigente.

d) Todas las respuestas son correctas.

**50. Según el Reglamento (CE) 852/2004 del Parlamento Europeo y del Consejo, de 29 de abril, los operadores de empresa alimentaria deberán garantizar:**

a) La supervisión, instrucción y formación de los manipuladores de alimentos en cuestiones de higiene alimentaria.

b) La vigencia de la normativa en materia de higiene alimentaria.

c) La formación de los inspectores de la autoridad competente en materia de higiene alimentaria.

d) Todas las respuestas son falsas.

**51. ¿Qué obligación tiene la empresa alimentaria con la autoridad competente?**

a) Deberá cooperar y notificar todos los establecimientos que estén bajo su control con el fin de proceder a su registro.

b) Enviará informe diario pormenorizado sobre la actividad de la empresa.

c) Registrará la contabilidad mensual.

d) La normativa vigente no establece obligaciones con la autoridad competente.

**52. ¿Qué finalidad tiene el Catálogo Nacional de Cualificaciones Profesionales?**

a) Establecer la norma que regula cada una de las profesiones.

b) Definir los contenidos de las diferentes titulaciones universitarias.

c) Ordena las cualificaciones profesionales susceptibles de reconocimiento y acreditación, identificadas en el sistema productivo en función de las competencias apropiadas para el ejercicio profesional.

d) Dividir las profesiones en grupos familiares y módulos en función de los niveles salariales.

**53. ¿Cómo se acredita la realización de actividades formativas?**

a) Mediante la concesión de un boletín informativo.

b) A través de la expedición de certificado individual.

c) Realizando exámenes periódicos que demuestren que se mantienen actualizados los conocimientos adquiridos.

d) La formación continuada no se acredita.

**54. ¿Pará qué se realizan los exámenes médicos?**

a) Para determinar el estado de salud de un individuo.

b) Para prevenir la transmisión de enfermedades.

c) Para identificar individuos enfermos, pero no portadores sanos.

d) Ninguna respuesta es correcta.

**55. ¿Qué norma establece las infracciones en materia de seguridad alimentaria y las sanciones correspondientes?**

a) El Reglamento 852/2004 del Parlamento Europeo y del Consejo, de 29 de abril, relativo a la higiene de los productos alimenticios.

b) La Ley 17/2009, de 23 de noviembre.

c) El Real Decreto 202/2000, de 11 de febrero, por el que se establecen las normas relativas a los manipuladores de alimentos.

d) La Ley 17/2011, de 5 de julio, de seguridad alimentaria y nutrición.

**56. ¿Qué puede hacer una empresa alimentaria para cerciorarse de que se cumplen las normas de higiene establecidas en el Reglamento 852/2004?**

a) Tener definido su sistema APPCC para garantizar la aplicación de prácticas de higiene correctas.

b) Elaboración de guías de prácticas correctas.

c) Mantener la cadena del frío en los alimentos congelados.

d) Todas las respuestas son correctas.

**57. En la limpieza de la vajilla, el primer lavado se realiza:**

a) Con productos desincrustantes y poder bactericida.

b) Con elementos restauradores.

c) Con elementos anticalcáreos.

d) Con elementos oxigenados.

**58. La maquinaria se debe limpiar:**

a) Una vez a la semana.

b) Cada quince días.

c) Cada vez que se utilice.
d) Cada mes.

## 59. Las mesas de trabajo se fregarán con:

a) Agua y lejía.
b) Agua jabonosa.
c) Agua limpia con bactericida.
d) Producto desincrustante.

## 60. Serán limpiados con detergente antigrasa:

a) Las marmitas y rustideras fijas.
b) Los fregaderos.
c) Los lavamanos.
d) La b) y la c) son correctas.

## 61. Se entiende por cuerpo de cocina:

a) A las planchas y quemadores.
b) A los soportes para el menaje y bandejas recoge grasas.
c) Al módulo donde se genera el calor por distintas fuentes.
d) Ninguna de las anteriores.

## 62. La Organización Mundial de la Salud en relación con la higiene alimentaria y su repercusión para la salud, promovió las denominadas:

a) Mezclas de alimentos.
b) No promovió nada.
c) Reglas de Oro para la preparación de alimentos sanos.
d) Reglas de Plata para la preparación de alimentos sanos.

## 63. ¿Qué es la plonge?

a) Un lavavajillas.
b) Es el lugar donde se lavan las marmitas, sartenes, cazuelas y elementos móviles del resto de equipamiento.
c) Es la zona de lavado de la vajilla.
d) Es la zona de lavado mecánico.

## 64. Para la lucha contra las plagas, el responsable del establecimiento contratará o elaborará y aplicará un programa de desinsectación y desratización, basados en el análisis de:

a) Epidemiologia e infección.
b) Peligros y puntos de control.

c) Lugares y espectros.
d) Los roedores.

**65. ¿Qué elemento en el lavavajilla se emplea para que funcione óptimamente el sistema de descalcificación del agua?**

a) Detergente.
b) Abrillantador.
c) Agua caliente.
d) Sal.

**66. ¿Qué maquinaria o aparato de cocina requiere una limpieza frecuente?**

a) Cafetera.
b) Termo.
c) Plancha.
d) Picadora de hielo.

**67. ¿Qué es incorrecto en la limpieza de marmitas y rustideras fijas?**

a) Deben quedar una vez limpios en perfecto estado para su próxima utilización.
b) No requiere de un secado posterior a su enjuague de limpieza.
c) Deben ser fregados y limpiados cada vez que se han utilizado.
d) Para su limpieza usar agua con detergente antigrasa, con abundante agua clara para el enjuague.

**68. Los filtros de las campanas extractoras deben de limpiarse al menos:**

a) 2 veces al día.
b) 1 vez al día.
c) 1 vez a la semana o antes.
d) 1 vez al mes o antes.

# Solución al test n.º 4

**1.** d) Conservas.

**2.** b) Un parásito.

**3.** b) Intoxicaciones alimentarias.

**4.** c) Verano.

**5.** b) Durante un mínimo de 7 días a una temperatura igual o inferior a 4 ºC.

**6.** a) En la consistencia.

**7.** c) No perecedero.

**8.** a) Directa.

**9.** a) Directa.

**10.** d) Son correctas las respuestas b) y c).

**11.** d) Todas estas condiciones influyen.

**12.** d) A 100 ºC.

**13.** a) Por su acidez.

**14.** c) Leche.

**15.** b) Las que viven en ausencia de oxígeno.

**16.** d) Todas las respuestas indican condiciones adecuadas para el desarrollo de la bacteria.

**17.** b) Mala manipulación.

**18.** c) A 120 ºC durante 20 minutos.

**19.** c) Días.

**20.** a) Yersinia.

**21.** c) Bacillus.

**22.** a) Fiebre, dolor de cabeza y pérdida de apetito.

**23.** a) Una bacteria.

**24.** b) Hongos.

**25.** c) Gastroenteritis.

**26.** a) Enfermedad de las vacas locas.

**27.** c) Carne.

**28.** a) Anisomiasis.

**29.** c) En el agua.

**30.** d) Todas son correctas.

**31.** d) Todas son correctas.

**32.** b) Mediante la implantación del Sistema de Análisis de Peligros y Puntos de Control Crítico.

**33.** a) Define las medidas preventivas.

**34.** b) Para detectar rápidamente la causa.

**35.** d) Debe cumplir las condiciones expuestas en a), b) y c).

**36.** a) Las diferentes comidas preparadas, servidas y consumidas diariamente.

**37.** a) Estableciendo los límites críticos.

**38.** d) Cualquiera de las causas anteriores es posible.

**39.** b) 4 – 6 ºC.

**40.** c) El crecimiento de microorganismos.

**41.** a) La propia empresa o una entidad autorizada por la autoridad sanitaria competente.

**42.** a) Las empresas del sector alimentario.

**43.** a) Los productos de producción primaria, incluidos los de la tierra, ganadería, caza y pesca.

**44.** d) Todas las respuestas son correctas.

**45.** b) Se evitarán las corrientes de aire desde zonas contaminadas a zonas limpias.

**46.** c) Serán de materiales lisos, lavables, resistentes a la corrosión y no tóxicos.

**47.** b) Si, siempre que exista una separación efectiva de los productos para evitar contaminación.

**48.** c) Cuando un operador de empresa alimentaria prevea razonablemente que una materia prima pueda estar contaminada, la someterá a cocción prolongada para eliminar los microorganismos.

**49.** d) Todas las respuestas son correctas.

**50.** a) La supervisión, instrucción y formación de los manipuladores de alimentos en cuestiones de higiene alimentaria.

**51.** a) Deberá cooperar y notificar todos los establecimientos que estén bajo su control con el fin de proceder a su registro.

**52.** c) Ordena las cualificaciones profesionales susceptibles de reconocimiento y acreditación, identificadas en el sistema productivo en función de las competencias apropiadas para el ejercicio profesional.

**53.** b) A través de la expedición de certificado individual.

**54.** a) Para determinar el estado de salud de un individuo.

**55.** d) La Ley 17/2011, de 5 de julio, de seguridad alimentaria y nutrición.

**56.** d) Todas las respuestas son correctas.

**57.** a) Con productos desincrustantes y poder bactericida.

**58.** c) Cada vez que se utilice.

**59.** b) Agua jabonosa.

**60.** a) Las marmitas y rustideras fijas.

**61.** c) Al módulo donde se genera el calor por distintas fuentes.

**62.** c) Reglas de Oro para la preparación de alimentos sanos.

**63.** b) Es el lugar donde se lavan las marmitas, sartenes, cazuelas y elementos móviles del resto de equipamiento.

**64.** c) Lugares y espectros.

**65.** d) Sal.

**66.** a) Cafetera.

**67.** b) No requiere de un secado posterior a su enjuague de limpieza.

**68.** c) 1 vez a la semana o antes.

**Productos de limpieza: etiquetado y normas de seguridad.
Contenido de Fichas Técnicas de seguridad de productos,
dosificación y normas de prevención de riesgos para la salud**

**1. ¿Cuál es el desinfectante de alto nivel para equipo médico como endoscopios, tubos de espirómetro, dializadores, transductores, equipos de terapia respiratoria y de anestesia?**

a) La lejía.
b) El formaldehído.
c) El glioxal.
d) El glutaraldehído.

**2. ¿Qué tipo de detergentes compatibles con la lejía, tienen gran poder emulsionante y una capacidad antiséptica baja ya que no produce selección de gérmenes?**

a) Los detergentes no iónicos.
b) Los detergentes anfóteros.
c) Los detergentes aniónicos.
d) Los detergentes catiónicos.

**3. ¿Qué tipo de detergentes actúan como catiónicos o aniónicos dependiendo del medio en el que se encuentren, son compatibles con el resto de tensioactivos, con la piel y mucosas y tienen baja sensibilidad a las aguas duras?**

a) Los detergentes no iónicos.
b) Los detergentes anfóteros.
c) Los detergentes aniónicos.
d) Los detergentes catiónicos.

**4. Señala la respuesta incorrecta respecto a los detergentes alcalinos o básicos:**

a) Son productos de gran eficacia, pero de elevado poder corrosivo.
b) Son productos de gran eficacia en los procesos de limpieza de la suciedad en general.
c) Son los más indicados para manchas proteicas y también para manchas de grasa.
d) Son aquellos cuyo pH supera el valor de 9.

**5. Los detergentes neutros son aquellos cuyo nivel de pH:**

a) Es de 5.
b) Es inferior a 5.
c) Supera el valor de 9.
d) Está comprendido entre 6 y 8.

**6. Señala una de las características del desinfectante ideal:**

a) Estable, tanto en la forma concentrada como en la diluida del producto.
b) Solubilidad en agua.
c) Amplio espectro (bactericida, virucida, fungicida y esporicida).
d) Todas las respuestas son correctas.

**7. ¿Cómo se denomina el compuesto que reduce pero no necesariamente elimina los microorganismos desde el medioambiente inanimado y suele ser utilizado generalmente en contacto con los alimentos?**

a) Desinfectante de hospital.
b) Detergente desinfectante.
c) Sanitizante.
d) Desinfectante general o de amplio espectro.

**8. Señala la respuesta incorrecta respecto a la lejía:**

a) Su contenido en cloro activo no será inferior a 35 g/l, ni superior a 100 g/l.
b) Es estable aunque tiene poco efecto remanente y se inactiva muy fácilmente en presencia de materia orgánica.
c) Es el derivado clorado más utilizado, pues tiene un amplio espectro antibacteriano.
d) Es de acción rápida y a la vez económica.

**9. ¿Cuál es la dilución de uso de la lejía para zonas de alto riesgo?**

a) 1:50 (9,8 litros de agua y 200 ml de lejía).
b) 1:10 (9 litros de agua y 1 de lejía).
c) 2:10 (8 litros de agua y 2 de lejía).
d) 5:10 (5 litros de agua y 5 de lejía).

**10. Señala la respuesta incorrecta respecto a los fenoles:**

a) Se utilizan en la desinfección de objetos inanimados, superficies y ambiente a la concentración del 1 al 5 %.
b) Son poco solubles en agua, pero unidos a jabones y lejías se obtienen emulsiones densas y estables.
c) De acción rápida en 10 o 15 minutos.
d) Son activos frente a hongos y bacterias Gram (+) y menos frente a las Gram (-).

**11. ¿Cuál es la concentración óptima del alcohol?**

a) 90 %.
b) 75 %.
c) 70 %.
d) 50 %.

**12. Señala la respuesta correcta respecto al alcohol:**

a) El alcohol etílico es un buen desinfectante de superficies, de acción lenta y alta potencia.
b) Su actividad depende de la concentración, situándose su máxima actividad entre 40 y 60º.
c) Los alcoholes se inactivan en presencia de materia orgánica.
d) Tiene un tiempo de acción mínimo de 5 minutos.

**13. Respecto a los desinfectantes basados en oxígeno activo debemos saber que:**

a) Puede utilizarse sobre acero inoxidable de baja calidad ya que no es oxidante.
b) Es recomendable para la limpieza y desinfección de todo tipo de superficies.
c) No se recomienda para incubadoras, utillaje y aparatos.
d) Solo actúan en superficies limpias.

**14. Señala la respuesta incorrecta:**

a) Los limpiametales se aplican sobre aquellos metales que no puedan limpiarse con solución de detergente neutro.
b) Los limpiacristales se pulverizan, se dejan secar y posteriormente se retiran con bayeta seca.
c) Los limpiamuebles pueden ser sustituidos por una bayeta humedecida en solución de detergente neutro.
d) Los limpiamuebles se deben aplicar en la bayeta inmediatamente antes de su uso y, a ser posible, sobre mobiliario no lavable.

**15. ¿Qué tipo de detergentes no se disocian en el agua, por lo que carecen de carga y apenas alteran la función barrera cutánea, se emplean para regular la presencia de espuma en los tensioactivos aniónicos y son solubles en agua, funcionando bien en aguas duras?**

a) Los detergentes no iónicos.
b) Los detergentes anfóteros.
c) Los detergentes catiónicos.
d) Los detergentes aniónicos.

**16. ¿Cómo se denominan los detergentes cuyo nivel de pH es de 5 o inferior, son de gran eficacia, pero de elevado poder corrosivo?**

a) Detergentes neutros.
b) Detergentes básicos.
c) Detergentes ácidos.
d) Detergentes alcalinos.

**17. ¿Cuál de los siguientes detergentes está destinado a superficies delicadas o en tratamientos de limpieza de gran frecuencia o escasa suciedad, algo determinado por su poca agresividad?**

a) Los detergentes neutros.
b) Los detergentes básicos.
c) Los detergentes ácidos.
d) Los detergentes alcalinos.

**18. Señala la respuesta incorrecta respecto a los desinfectantes:**

a) Son un agente químico que destruye o inhibe el crecimiento de microorganismos patógenos en fase vegetativa o no esporulada.
b) No necesariamente matan todos los organismos, pero los reducen a un nivel que no dañan la salud ni la calidad de los bienes perecederos.
c) Se aplican sobre objetos y materiales inanimados, como instrumentos y superficies, para tratar y prevenir la infección.
d) Tienen consideración de medicamentos los antisépticos para piel sana, incluidos los destinados al campo quirúrgico preoperatorio y los destinados a la desinfección del punto de inyección.

**19. Señala la respuesta incorrecta respecto a la lejía:**

a) La dilución se preparará días antes de su utilización para mayor eficacia y preferentemente en lugares ventilados.
b) No se mezclará con otros desinfectantes.
c) La dilución se debe hacer con agua fría.
d) Mantendremos el envase bien etiquetado, siempre cerrado y protegido de la luz.

**20. ¿Qué materiales corroe la lejía?**

a) El hierro.
b) El níquel.
c) El acero cromado.
d) Todas las respuestas son correctas.

**21. ¿Cuál es el desinfectante de elección en instrumentos reutilizables para hemodiálisis?**

a) La lejía.
b) El formaldehído.

c) El glioxal.
d) El glutaraldehído.

**22. ¿Con qué letra se denominan las indicaciones de peligro de las etiquetas de los productos?**

a) P.
b) R.
c) H.
d) S.

**23. ¿Cómo se denomina el documento elaborado por el fabricante de una sustancia o mezcla química en la que se ofrece abundante información sobre sus riesgos?**

a) Ficha de datos de seguridad.
b) Etiqueta.
c) envase.
d) Prospecto.

**24. ¿Qué datos contendrá la FDS sobre la manipulación y almacenamiento del producto?**

a) Precauciones para una manipulación segura.
b) Condiciones de almacenamiento seguro, incluidas posibles incompatibilidades.
c) Usos específicos finales.
d) Todas las respuestas son correctas.

**25. ¿Qué tipo de peligro tienen las sustancias comburentes?**

a) Físicos.
b) Químicos.
c) Para la salud.
d) Para el medio ambiente.

**26. Cuando una sustancia o mezcla inducen cáncer o aumentan su incidencia, ¿cómo se denomina?**

a) Mutagénica.
b) Carcinogénica.
c) Pirogénica.
d) Tóxica.

**27. Si en la etiqueta de un producto aparece el siguiente símbolo significa qué es:**

a) Peligroso para el medio ambiente.
b) Nocivo.
c) Biodegradable.
d) Tóxico.

**28. Los pictogramas de peligro son composiciones gráficas que contienen:**

a) Un símbolo rojo sobre un fondo negro, con un marco naranja lo suficientemente ancho para ser claramente visible.

b) Un símbolo blanco sobre un fondo negro, con un marco rojo lo suficientemente ancho para ser claramente visible.

c) Un símbolo rojo sobre un fondo blanco, con un marco naranja lo suficientemente ancho para ser claramente visible.

d) Un símbolo negro sobre un fondo blanco, con un marco rojo lo suficientemente ancho para ser claramente visible.

**29. Las indicaciones de peligro, llamadas H, se agrupan en:**

a) Peligros para la salud humana.

b) Peligros físicos.

c) Peligros para el medio ambiente.

d) Todas las respuestas son correctas.

**30. El documento que elabora el fabricante de una sustancia o mezcla química para informar de sus riesgos se llama:**

a) Libro Técnico de Riesgos.

b) Ficha de Datos de Seguridad.

c) Libro de Instrucciones.

d) Nota Técnica de Prevención.

**31. Los envases en que se presentan para la venta los productos de limpieza han de cumplir ciertos requisitos. ¿Cuál de los siguientes es falso?**

a) Los materiales que constituyen los envases y sus cierres han de ser fácilmente solubles en el contenido para no entrar en reacción con él.

b) Los envases y sus cierres estará diseñados y fabricados de manera que sean estancos, fuertes y sólidos.

c) Los envases de los productos con un sistema de cierre reutilizable dispondrán de un cierre de características y diseños tales que una vez abiertos puedan ser nuevamente cerrados sin perder su carácter estanco.

d) La válvula de los productos envasados en aerosoles deberá permitir el cierre prácticamente hermético del generador de aerosol y estar protegida contra toda abertura involuntaria.

**32. El Reglamento CLP establece tres tipos de peligros que pueden representar las sustancias o sus mezclas; señala la incorrecta:**

a) Peligros para el medio ambiente.

b) Peligros físicos.

c) Peligros para la salud.

d) Peligros contagiables.

**33. Según el Reglamento CLP, ¿en cuántas clases se agrupan los peligros relacionados con las propiedades fisicoquímicas de los productos?**

a) En 2 clases.
b) En 6 clases.
c) En 10 clases.
d) En 16 clases.

**34. Los líquidos inflamables son aquellos cuyo punto de inflamación no supera:**

a) 60 ºC.
b) 80 ºC.
c) 93 ºC.
d) 110 ºC.

**35. ¿Cómo se llaman las sustancias que en contacto con otras producen una reacción exotérmica?**

a) Pirofóricas.
b) Explosivas.
c) Comburentes.
d) Corrosivas.

**36. Las sustancias o mezclas líquidas o sólidas que, aún en pequeñas cantidades, pueden inflamarse al cabo de 5 minutos de entrar en contacto con el aire, se llaman:**

a) Sustancias pirofóricas.
b) Sustancias comburentes.
c) Sustancias autorreactivas.
d) Sustancias explosivas.

**37. Los peligros para la salud se hallan divididos, según el Reglamento CLP, en:**

a) 20 clases y 35 categorías.
b) 2 clases y 5 categorías.
c) 10 clases y 25 categorías.
d) 16 clases y 45 categorías.

**38. No se considera toxicidad aguda cuando los efectos adversos se manifiestan:**

a) Tras la administración por vía oral de una sola dosis de una sustancia o mezcla.
b) Tras dosis múltiples administradas a lo largo de 24 horas.
c) Como consecuencia de una exposición por inhalación durante 4 horas.
d) Tras la administración por vía cutánea de entre 10 a 20 dosis de una sustancia o mezcla.

**39. Se clasifican como irritantes oculares las sustancias que, como consecuencia de su aplicación en la superficie anterior del ojo, producen alteraciones oculares totalmente reversibles en:**

a) Las 4 horas siguientes a la aplicación.
b) Las 24 horas siguientes a la aplicación.
c) Los 10 días siguientes a la aplicación.
d) Los 21 días siguientes a la aplicación.

**40. En el etiquetado de un producto de limpieza, las palabras que indican el nivel relativo de gravedad de los peligros para alertar al consumidor de la existencia de un peligro potencial, se denominan:**

a) Palabras de advertencia.
b) Consejos de prudencia.
c) Pictogramas.
d) Frases R.

**41. ¿Cuál de las siguientes es una palabra de advertencia asociada a las categorías menos graves, según el Reglamento CLP?**

a) Cuidado.
b) Ojo.
c) Atención.
d) Prudencia.

**42. ¿De qué advierte el pictograma de la figura en una etiqueta de un producto de limpieza?**

a) Sustancia inflamable.
b) Sustancia comburente.
c) Sustancia corrosiva.
d) Sustancia explosiva.

**43. Al utilizar un producto químico con el siguiente pictograma, hay que recordar que se trata de una sustancia:**

a) Corrosiva.
b) Dañina para el medio ambiente.
c) Tóxica.
d) Gas bajo presión.

**44. Las frases de riesgo, R, de las etiquetas de los productos químicos han sido sustituidos en el nuevo Reglamento CLP por:**

a) Las frases H, indicaciones de peligro.
b) Los consejos de prudencia, P.

c) Las palabras de advertencia.
d) Los pictogramas.

**45. Las frases EUH en la etiqueta de un producto, contienen:**

a) Indicaciones de peligro para la salud humana.
b) Consejos de prudencia.
c) Frases de advertencia.
d) Información suplementaria sobre los peligros.

**46. Los nuevos consejos de prudencia en las etiquetas de los productos, equivalen a las anteriores:**

a) Indicaciones de peligro.
b) Frases S.
c) Frases R.
d) Palabras de peligro.

**47. El etiquetado de aquellos detergentes que resulten clasificados como productos peligrosos:**

a) Deberá cumplir el Reglamento sobre clasificación, envasado y etiquetado de preparados peligrosos vigente.
b) Bastará con cumplir sólo el etiquetado de la Reglamentación técnico-sanitaria para la elaboración, circulación y comercio de detergentes y limpiadores.
c) No está sujeta a obligaciones de etiquetado.
d) La etiqueta deberá ser de color naranja.

**48. En el caso de que un producto limpiador sea considerado como producto peligroso, actualmente el fabricante debe incluir en su etiquetado un pictograma de peligro que será:**

a) Cuadrado y apoyado sobre un lado.
b) Cuadrado y apoyado sobre un vértice.
c) Redondo.
d) Rectangular apoyado sobre el lado mayor.

**49. En la tabla de almacenamiento con sus respectivos iconos, el signo "0" entre productos nos indica:**

a) Puede almacenarse junto.
b) No debe almacenarse junto.
c) Solamente podrán almacenarse juntos, adoptando ciertas medidas.
d) Debe estar siempre vacío.

**50. ¿Qué es falso del almacenamiento de los productos de limpieza?**

a) Se debe utilizar en las zonas bajas de las estanterías los productos más voluminosos y los más utilizados.

b) Almacenar las sustancias peligrosas debidamente separadas.

c) A mayor producto almacenado, menor riesgo.

d) Almacenar las sustancias peligrosas agrupadas por el tipo de riesgo que pueden generar y respetando las incompatibilidades que existen entre ellas

**51. Los productos de limpieza pueden:**

a) Provocar incendios o explosiones.

b) Emitir gases peligrosos.

c) Son ciertas las respuestas a) y b).

d) Generalmente son inocuos, y no debe existir precauciones en su almacenamiento.

**52. ¿Qué cantidades de productos químicos de limpieza se guardarán en los lugares de trabajo?**

a) Suficientes para un mes de trabajo.

b) Suficientes para una semana de trabajo.

c) Las que sean estrictamente necesarias para el desarrollo de la actividad diaria.

d) No es necesario tener controles estrictos de cantidades de productos químicos de limpieza.

**53. ¿Cómo deben almacenarse las sustancias peligrosas empleadas en la limpieza?**

a) Separadas y obviando las incompatibilidades que existen entre ellas.

b) Agrupadas por diferentes tipos de riesgo.

c) Obviando las incompatibilidades que existen entre ellas.

d) Separadas, agrupadas por el tipo de riesgo que pueden generar y respetando las incompatibilidades que existen entre ellas.

**54. ¿Qué productos de estos pueden estar cerca unos de otros ya que no son reactivos entre sí?**

a) La lejía y el salfumán.

b) La lejía y el amoníaco.

c) La lejía, el salfumán, el amoníaco.

d) Todos son reactivos entre sí, y no pueden acercarse unos con otros.

**55. Todo lo que se dice de las recomendaciones de almacenaje de productos químicos empleados en limpieza es cierto, excepto:**

a) Elegir el recipiente adecuado para guardar cada tipo de sustancia química.

b) Guardar los líquidos peligrosos en recipientes abiertos.

c) Tener en cuenta que el frío y el calor deterioran el plástico, por lo que este tipo de envases que contenga productos químicos de limpieza deben ser revisados con frecuencia.

d) Todos los envases que contenga productos químicos de limpieza deben tener su correspondiente etiqueta.

**56. ¿Qué productos químicos se sitúan en las zonas más bajas de las estanterías?**

a) Los productos más voluminosos y los menos utilizados.
b) Los productos más voluminosos y los más utilizados.
c) Los productos menos voluminosos y los menos utilizados.
d) Los productos menos voluminosos y los más utilizados.

**57. Según el RD 770/1999, ¿qué productos son auxiliares para el lavado a máquina de vajillas?**

a) Detergentes y suavizantes.
b) Aditivos y quitagrasas.
c) Abrillantadores y sales.
d) Limpiametales y desincrustantes.

**58. ¿Qué caracteriza a los detergentes según la clasificación de productos de limpieza?**

a) Se elaboran con grasas animales y huesos calcinados.
b) Son biodegradables y específicos según el tipo de suciedad.
c) Su uso es exclusivo para industria alimentaria.
d) Requieren agua caliente para su activación.

**59. ¿Qué materiales deben cumplir los envases de lejía según el Real Decreto 3360/1983?**

a) Ser opacos y rígidos.
b) Ser transparentes y retornables.
c) Responder a criterios estéticos infantiles.
d) Ser estancos y no reaccionar con su contenido.

**60. ¿Qué productos generan cloramina al mezclarse?**

a) Lejía y vinagre.
b) Lejía y amoniaco.
c) Vinagre y bicarbonato.
d) Lejía y alcohol en gel.

**61. ¿Qué reacción ocurre al mezclar vinagre con agua oxigenada?**

a) Se forma ácido peracético, altamente corrosivo.
b) Se neutralizan entre sí sin efectos secundarios.
c) Se evapora el oxígeno y genera calor.
d) Se forman sales alcalinas inofensivas.

**62. ¿Por qué no se deben mezclar lejía y vinagre?**

a) Generan gas cloro, altamente tóxico.
b) Producen ácido sulfúrico, que irrita la piel.

c) Provocan reacciones exotérmicas explosivas.

d) Forman un residuo sólido dañino para la salud.

### 63. ¿Qué ocurre al mezclar lejía con agua caliente?

a) El cloro se evapora, anulando su efecto desinfectante.

b) Se forma ácido clorhídrico, irritante para la piel.

c) Se genera cloramina, tóxica al inhalarse.

d) Se producen burbujas de oxígeno inofensivas.

### 64. ¿Qué precaución general se debe tener al almacenar productos químicos?

a) Colocarlos en estanterías sin barreras físicas.

b) Agruparlos según su color o diseño del envase.

c) Separar productos que puedan reaccionar entre sí.

d) Mezclar solo productos con el mismo pictograma CLP.

### 65. ¿Qué ocurre al mezclar lejía con alcohol en gel?

a) Se produce cloroformo y ácido muriático.

b) Se forma ácido peracético, corrosivo.

c) Se generan gases inertes.

d) Se evapora el alcohol y pierde su efectividad.

### 66. ¿Qué mezcla puede provocar una explosión en recipientes cerrados?

a) Lejía y vinagre.

b) Cloro y lavavajillas.

c) Vinagre y bicarbonato.

d) Lejía y agua oxigenada.

### 67. ¿Qué debe hacerse si un producto químico presenta varias clases de peligro?

a) Almacenar según el pictograma más visible en el envase.

b) Guardarlo junto a productos compatibles de menor riesgo.

c) Ubicarlo en el almacenamiento que cumpla los requisitos más restrictivos.

d) Mezclarlo con agentes extintores para reducir su riesgo.

### 68. ¿Qué condiciones deben cumplirse para almacenar líquidos inflamables y corrosivos juntos?

a) Que los recipientes sean transparentes y rígidos.

b) Que los envases sean retornables y de plástico.

c) Que exista una separación física que evite su contacto en caso de incidente.

d) Que ambos líquidos tengan el mismo pictograma CLP.

### 69. ¿Qué no está permitido al almacenar productos químicos?

a) Separar productos según sus etiquetas de advertencia.

b) Mezclar productos que requieran agentes extintores incompatibles.

c) Guardar productos líquidos en recipientes cerrados herméticamente.

d) Almacenar recipientes grandes en cubetos independientes.

**70. ¿Qué se debe considerar al almacenar productos químicos con el mismo pictograma CLP?**

a) Pueden almacenarse siempre juntos sin restricciones.

b) Verificar la compatibilidad específica entre sus clases de peligro.

c) Deben separarse con barreras físicas obligatoriamente.

d) Se almacenan según la capacidad del envase.

**71. ¿Qué debe hacerse si un almacenamiento incluye líquidos de diferentes clases o categorías?**

a) Separarlos por colores según el envase.

b) Considerarlos como un líquido de la clase más peligrosa.

c) Mezclarlos para reducir el riesgo general.

d) Almacenarlos en estanterías con ventilación natural.

# Solución al test n.º 5

**1.** d) El glutaraldehído.

**2.** c) Los detergentes aniónicos.

**3.** b) Los detergentes anfóteros.

**4.** a) Son productos de gran eficacia, pero de elevado poder corrosivo.

**5.** d) Está comprendido entre 6 y 8.

**6.** d) Todas las respuestas son correctas.

**7.** c) Sanitizante.

**8.** b) Es estable aunque tiene poco efecto remanente y se inactiva muy fácilmente en presencia de materia orgánica.

**9.** b) 1:10 (9 litros de agua y 1 de lejía).

**10.** d) Son activos frente a hongos y bacterias Gram (+) y menos frente a las Gram (-).

**11.** c) 70 %.

**12.** c) Los alcoholes se inactivan en presencia de materia orgánica.

**13.** b) Es recomendable para la limpieza y desinfección de todo tipo de superficies.

**14.** d) Los limpiamuebles se deben aplicar en la bayeta inmediatamente antes de su uso y, a ser posible, sobre mobiliario no lavable.

**15.** a) Los detergentes no iónicos.

**16.** c) Detergentes ácidos.

**17.** a) Los detergentes neutros.

**18.** d) Tienen consideración de medicamentos los antisépticos para piel sana, incluidos los destinados al campo quirúrgico preoperatorio y los destinados a la desinfección del punto de inyección.

**19.** a) La dilución se preparará días antes de su utilización para mayor eficacia y preferentemente en lugares ventilados.

**20.** d) Todas las respuestas son correctas.

**21.** b) El formaldehído.

**22.** c) H.

**23.** a) Ficha de datos de seguridad.

**24.** d) Todas las respuestas son correctas.

**25.** a) Físicos.

**26.** b) Carcinogénica.

**27.** a) Peligroso para el medio ambiente.

**28.** d) Un símbolo negro sobre un fondo blanco, con un marco rojo lo suficientemente ancho para ser claramente visible.

**29.** d) Todas las respuestas son correctas.

**30.** b) Ficha de Datos de Seguridad.

**31.** a) Los materiales que constituyen los envases y sus cierres han de ser fácilmente solubles en el contenido para no entrar en reacción con él.

**32.** d) Peligros contagiables.

**33.** d) En 16 clases.

**34.** a) 60 ºC.

**35.** c) Comburentes.

**36.** a) Sustancias pirofóricas.

**37.** c) 10 clases y 25 categorías.

**38.** d) Tras la administración por vía cutánea de entre 10 a 20 dosis de una sustancia o mezcla.

**39.** d) Los 21 días siguientes a la aplicación.

**40.** a) Palabras de advertencia.

**41.** c) Atención.

**42.** d) Sustancia explosiva.

**43.** a) Corrosiva.

**44.** a) Las frases H, indicaciones de peligro.

**45.** d) Información suplementaria sobre los peligros.

**46.** b) Frases S.

**47.** a) Deberá cumplir el Reglamento sobre clasificación, envasado y etiquetado de preparados peligrosos vigente.

**48.** b) Cuadrado y apoyado sobre un vértice.

**49.** c) Solamente podrán almacenarse juntos, adoptando ciertas medidas.

**50.** c) A mayor producto almacenado, menor riesgo.

**51.** c) Son ciertas las respuestas a) y b).

**52.** c) Las que sean estrictamente necesarias para el desarrollo de la actividad diaria.

**53.** d) Separadas, agrupadas por el tipo de riesgo que pueden generar y respetando las incompatibilidades que existen entre ellas.

**54.** d) Todos son reactivos entre sí, y no pueden acercarse unos con otros.

**55.** b) Guardar los líquidos peligrosos en recipientes abiertos.

**56.** b) Los productos más voluminosos y los más utilizados.

**57.** c) Abrillantadores y sales.

**58.** b) Son biodegradables y específicos según el tipo de suciedad.

**59.** d) Ser estancos y no reaccionar con su contenido.

**60.** b) Lejía y amoniaco.

**61.** a) Se forma ácido peracético, altamente corrosivo.

**62.** a) Generan gas cloro, altamente tóxico.

**63.** a) El cloro se evapora, anulando su efecto desinfectante.

**64.** c) Separar productos que puedan reaccionar entre sí.

**65.** a) Se produce cloroformo y ácido muriático.

**66.** c) Vinagre y bicarbonato.

**67.** c) Ubicarlo en el almacenamiento que cumpla los requisitos más restrictivos.

**68.** c) Que exista una separación física que evite su contacto en caso de incidente.

**69.** b) Mezclar productos que requieran agentes extintores incompatibles.

**70.** b) Verificar la compatibilidad específica entre sus clases de peligro.

**71.** b) Considerarlos como un líquido de la clase más peligrosa.

# TEST N.º 6

**Eliminación de diferentes tipos de manchas de las superficies lavables: sangre, tinte, chicles, cal de agua, óxido, grasa. Eliminación de manchas en diferentes tipos de suelos: calcáreos, plástico y madera**

### 1. La cristalización:

a) Es el tratamiento idóneo para piedras porosas y calcáreas.
b) Se aplica con fregona industrial.
c) Se aplica con máquina de chorro de arena.
d) Son correctas las respuestas a) y c).

### 2. ¿Con que tipo de mopa se aplicará las emulsiones?

a) La mopa deberá ser de algodón usado.
b) Con los flecos abiertos.
c) Con mopa de fibra metálica.
d) Las opciones a) y b) son correctas.

### 3. Las emulsiones:

a) Se deben aplicar en capas finas.
b) Hay que aplicar al menos dos capas.
c) Se puede pasar por ellas máquina de alta velocidad.
d) Todas son correctas.

### 4. Para cristalizar:

a) Utilizaremos productos que contengan fluosilicatos.
b) Sólo aplicaremos fluosilicatos con ceras.
c) Se cristaliza con decapantes.
d) Ninguna es correcta.

**5. La primera capa de aplicación de emulsiones de suelos:**

a) Se apartará medio palmo del zócalo.
b) Se apartará un palmo del zócalo.
c) Se apartará un palmo y medio del zócalo.
d) Cubrirá toda la superficie del suelo.

**6. Los suelos de linóleo:**

a) Son suelos duros.
b) Son suelos sensibles a los productos alcalinos.
c) Son suelos porosos.
d) Son correctas las respuestas b) y c).

**7. El granito:**

a) Es un suelo duro.
b) No es poroso.
c) No cristaliza.
d) Todas son correctas.

**8. Los suelos de goma:**

a) Se pueden tratar con emulsiones.
b) Son suelos blandos.
c) Su mejor mantenimiento es con máquinas de alta velocidad (método spray).
d) Todas son correctas.

**9. La madera y el corcho:**

a) Se deberán fregar a diario con agua y detergente neutro.
b) Lo que más les daña es el agua.
c) Se deberán cristalizar.
d) Son suelos no porosos.

**10. Las alfombras y textiles:**

a) Son suelos porosos en tres dimensiones.
b) Lo que más les daña es el polvo.
c) Se deben aspirar a diario.
d) Todas son correctas.

**11. El sistema de limpieza de suelos que simplifica su mantenimiento y que es el más económico se denomina:**

a) Abrillantado.
b) Spray.

c) Encerado.
d) Cristalizado.

## 12. ¿Que determina el grado de agresividad de un disco abrasivo?

a) Su color.
b) Su densidad.
c) Su tamaño.
d) Ninguna de las respuestas anteriores es correcta.

## 13. Los discos abrasivos tienen la misión de:

a) Extender el producto.
b) Ayudar a la acción química del producto mediante una acción mecánica.
c) Recuperar la suciedad disuelta y abrillantar.
d) Todas las respuestas son correctas.

## 14. Para la aplicación del Método Spray se debe utilizar:

a) Detergente.
b) Solvente.
c) Cera.
d) Todo ello, emulsionado con agua.

## 15. ¿Qué tratamiento será más recomendable dar en un suelo de mármol viejo, sin brillo y con arañazos?

a) Primero cristalizado y después encerado.
b) Primero encerado y después diamantado.
c) Primero diamantado y después cristalizado.
d) Primero diamantado y después acuchillado.

## 16. Las manchas de óxido podrán eliminarse, limpiando bien la superficie con un paño humedecido con una solución de citrato sódico:

a) Al 30 %.
b) Al 20 %.
c) Al 15 %.
d) Al 10 %.

## 17. ¿A qué tipo de manchas se les debe aplicar una solución de alcohol, ácido acético blanco, glicerina, ácido sálico y éter?

a) A las manchas de cal del agua.
b) A las manchas de óxido.
c) A las manchas de tinta.
d) A las manchas de grasa.

**18. ¿Qué tipo de manchas se eliminan con un detergente ácido o con un poco de vinagre?**

a) Las manchas de cal del agua.
b) Las manchas de grasa.
c) Las manchas de tinta.
d) Las manchas de chicles.

**19. ¿Qué tipo de manchas se eliminan con una solución de agua y un detergente ácido al 50 % o bien alcohol de 96º?**

a) Las manchas de tinta.
b) Las manchas de chicles.
c) Las manchas de óxido.
d) Las manchas de grasa.

**20. Los disolventes orgánicos que utilicemos para combatir las manchas de grasa deberán:**

a) Poder combinarse con gasolina, benceno o tetracloruro de carbono.
b) Tener una temperatura de inflamación por encima de 40 ºC.
c) Tener un umbral de toxicidad superior al del metilcloroformo 350 ppm.
d) Todas las respuestas son correctas.

**21. ¿Qué tipo detergente se emplea en el tratamiento de base con método spray de los suelos de PVC?**

a) Alcalino.
b) Ácido.
c) Fuerte.
d) No se emplea detergente.

**22. Para cristalizar:**

a) Utilizaremos productos que contengan fluosilicatos.
b) Sólo aplicaremos fluosilicatos con ceras.
c) Se cristaliza con decapantes.
d) Ninguna es correcta.

**23. ¿Qué tratamiento será más recomendable dar en un suelo de mármol viejo, sin brillo y con arañazos?**

a) Primero cristalizado y después encerado.
b) Primero encerado y después diamantado.
c) Primero diamantado y después cristalizado.
d) Primero diamantado y después acuchillado.

# Solución al test n.º 6

**1.** a) Es el tratamiento idóneo para piedras porosas y calcáreas.

**2.** d) Las opciones a) y b) son correctas.

**3.** d) Todas son correctas.

**4.** a) Utilizaremos productos que contengan fluosilicatos.

**5.** b) Se apartará un palmo del zócalo.

**6.** b) Son suelos sensibles a los productos alcalinos.

**7.** d) Todas son correctas.

**8.** d) Todas son correctas.

**9.** b) Lo que más les daña es el agua.

**10.** b) Lo que más les daña es el polvo.

**11.** b) Spray.

**12.** a) Su color.

**13.** d) Todas las respuestas son correctas.

**14.** d) Todo ello, emulsionado con agua.

**15.** c) Primero diamantado y después cristalizado.

**16.** d) Al 10 %.

**17.** c) A las manchas de tinta.

**18.** a) Las manchas de cal del agua.

**19** . b) Las manchas de chicles.

**20.** c) Tener un umbral de toxicidad superior al del metilcloroformo 350 ppm.

**21.** a) Alcalino.

**22.** a) Utilizaremos productos que contengan fluosilicatos.

**23.** c) Primero diamantado y después cristalizado.

# TEST N.º 7

**Limpieza de centros sociosanitarios de carácter residencial: características, productos, procedimiento en la limpieza de habitaciones, mobiliario, baños, suelo, comedores, pasillos y vestíbulos**

**1. ¿Cuál de los siguientes requisitos cumplirá la limpieza a fondo?**

a) Siempre se hará en turno de mañana.
b) Nunca se hará con el paciente en la habitación.
c) Se realizará todo el procedimiento de limpieza diaria.
d) Son correctas las respuestas b) y c).

**2. Para realizar la limpieza de una habitación, ¿cuál de estos elementos se limpia en primer lugar?**

a) Sistemas de iluminación de la cabecera de la cama.
b) Sillas y butacas.
c) Teléfono y mando de la TV.
d) Las manillas de las puertas.

**3. Para realizar la limpieza de una habitación, ¿cuál de estos elementos se limpia en último lugar?**

a) Camas: cabecero, barreras y barras inferiores (debajo de la cama).
b) Sillas y butacas.
c) Timbre.
d) Las manillas de las puertas.

**4. ¿Qué tipo de limpieza se realizará al alta del paciente?**

a) Rutinaria.
b) Periódica.
c) A fondo.
d) Ninguna.

**5. Las camas de las habitaciones de los pacientes tendrán un ancho mínimo de:**

a) 70 cm.
b) 90 cm.
c) 1 m.
d) 1,30 m.

**6. Las camas de las habitaciones de los pacientes tendrán un largo mínimo de:**

a) 180 cm.
b) 200 cm.
c) 215 cm.
d) 240 cm.

**7. ¿Cuál de los siguientes elementos no se encuentra en todas las habitaciones de pacientes del hospital?**

a) Gancho de suspensión en el techo, para pesos de hasta 60 kg.
b) Dispositivos de llamada de emergencia, tanto en el baño como en la habitación.
c) Barra con ganchos de suspensión de goteros o bombas de perfusión.
d) Toma de oxígeno y vacío.

**8. Señalar la opción incorrecta en relación a la cama del paciente:**

a) La cama será fuerte y robusta, con ruedas no pequeñas para que se desplace con facilidad, y con frenos.
b) El somier tendrá varios planos y movimientos de elevación dorsal, flexión de piernas, tren-antitrén y elevación de pies.
c) El cabecero debe ser de fácil abatimiento.
d) Los accesorios de la cama (barandillas, incorporadores, goteros y arcos balcánicos) se deberán hallar siempre en la habitación del paciente para su inmediata aplicación cuando sean necesarios.

**9. Señalar la opción incorrecta en relación al mobiliario de la habitación del paciente:**

a) Habrá una mesilla; con un cajón para colocar objetos personales.
b) La mesa de cama normalmente tiene pies, para que el paciente tome sobre ella sus comidas.
c) Habrá un armario con cerradura, para la ropa y objetos de valor del paciente.
d) La cama deberá tener topes de protección de goma.

**10. La manguera de la ducha, en los aseos de las habitaciones de los pacientes, tendrá una longitud mínima de:**

a) 87 cm.
b) 1,29 cm.

c) 1,53 cm.
d) 1,92 cm.

**11. Señalar la afirmación correcta en relación a la ducha del aseo del paciente:**

a) Las duchas suelen contar con varias repisas de madera para poner el jabón y el champú.
b) Generalmente tienen un bordillo de unos 10 cm para evitar que se derrame el agua.
c) Deberán ser abiertas, no podrán tener cortina ni puerta.
d) Generalmente, incluyen un asiento de baño plegable.

**12. La altura ideal del lavamanos es de:**

a) 86 cm.
b) 95 cm.
c) 108 cm.
d) 120 cm.

**13. ¿Cuál de las siguientes tomas de la habitación del paciente se limpiará primero?**

a) La toma de televisión.
b) La toma de oxígeno.
c) La toma eléctrica para accionamiento de la cama.
d) La toma de aire.

**14. Señalar la opción incorrecta en relación a la limpieza diaria de la habitación del paciente:**

a) Siempre, previamente al uso del desinfectante, la superficie debe limpiarse con solución detergente.
b) Evitar que se ventile la habitación.
c) Limpiar con el paño azul impregnado con la solución DD (detergente/desinfectante) el entorno inmediato del paciente siempre hacia la periferia y de arriba abajo.
d) Preparar la solución respetando la dilución y disponer el material teniendo en cuenta la zona limpia y sucia convenida sobre el carro.

**15. En la habitación ocupada, de los siguientes elementos, ¿cuál limpiaremos primero?**

a) La cama.
b) Los interruptores.
c) Las manillas de las puertas.
d) El timbre.

**16. Respecto al momento de inicio de la limpieza, ¿en qué momento tras el alta del paciente se debe de proceder a su realización?**

a) 15 minutos.
b) 1 hora.

c) Depende del protocolo del hospital, no existiendo un protocolo estándar.
d) Inmediatamente, no se tiene por qué demorar.

**17. En la limpieza de habitaciones al alta de pacientes no es necesario incluir:**

a) Cambiar la funda del colchón y protector de almohada.
b) Limpieza del colchón.
c) Limpieza interior de armarios y mesillas.
d) Desmontaje de rejillas del aire y limpieza.

**18. No es correcto en relación a la limpieza en profundidad de las habitaciones:**

a) Incluye todas las acciones de la limpieza diaria.
b) Incluye desincrustación enérgica del suelo y paredes del baño empleando estropajo y cepillos de cerdas duras en lugar de mopa porosa y bayetas.
c) Incluye desmontaje y limpieza de las rejillas de aireación.
d) Podrá realizarse en presencia de los pacientes, tomando precauciones.

**19. De las siguientes acciones de la limpieza en profundidad de la habitación, ¿cuál se realizará en primer lugar?**

a) Limpieza de cristales.
b) Desinfección de la barra de la cortina de separación entre pacientes.
c) Limpieza del zócalo.
d) Desinfección del interior de los armarios.

**20. ¿Qué elementos debe haber en una habitación de traumatología?**

a) Barra con ganchos de suspensión de gotero.
b) Gancho de suspensión en el techo para pesos.
c) Toma de oxígeno.
d) Todas las respuestas son correctas.

**21. ¿Qué peso puede soportar un gancho de suspensión de techo para traumatología?**

a) 20 kg.
b) 30 kg.
c) 50 kg.
d) 60 kg.

**22. ¿Qué anchura mínima tendrá una cama de hospital?**

a) 80.
b) 90.
c) 120.
d) 150.

**23. ¿Qué plano de movimiento de elevación se permitirán en un somier de cama hospitalaria?**

a) Dorsal.
b) Flexión de piernas.
c) Elevación de pies.
d) Todas las respuestas son correctas.

**24. ¿Qué características tendrá la ducha de pacientes?**

a) Construida a ras de suelo para favorecer el acceso de pacientes.
b) Con suelo deslizante.
c) No incluirá asiento plegable.
d) Todas las respuestas son correctas.

**25. ¿Qué afirmación es falsa?**

a) Se efectuará limpieza de las áreas de cortinas que resulten manchadas. En ningún caso se desmontarán para enviarlas a lavar.
b) Se dedicará especial atención a los puentes de gases y luces de los cabeceros de las camas, así como a los monitores de televisión de las habitaciones.
c) Para la limpieza de los cuartos de baño se utilizarán, si es preciso, otros productos como desincrustantes, antioxidantes, además del detergente y la lejía.
d) Las salas de estar de pacientes se limpiarán a primera hora de la mañana y de la tarde.

**26. ¿En qué momento se considera una menor incidencia de altas hospitalarias?**

a) Mañanas.
b) Tardes.
c) Días laborables.
d) Fines de semana y festivos.

**27. De entre estas operaciones, ¿cuál se realiza en último lugar?**

a) Barrido húmedo.
b) Reposición de material.
c) Desincrustación del baño.
d) Recogida de residuos y ropa.

**28. ¿Qué tarea se realiza en la limpieza al alta del paciente, que no se hacen habitualmente en habitaciones ocupadas?**

a) Limpieza de suelos.
b) Limpieza de interrupciones.

c) Limpieza de interior de armarios.
d) Barrido húmedo.

**29. ¿Qué se hará al alta de un paciente hospitalizado?**

a) Limpieza y desinfección de superficies de la habitación.
b) Hacer cama.
c) Recogida del material por habitación.
d) Todas las respuestas son correctas.

**30. ¿En qué momento se realiza la limpieza en profundidad de una habitación?**

a) En turno de noche mientras el paciente duerme.
b) Cuando el paciente está ausente.
c) Cuando el paciente está presente.
d) El fin de semana cuando se cierran las instalaciones.

**31. Para la limpieza en profundidad del baño, ¿qué es falso?**

a) Se limpiarán los azulejos y papeleras.
b) Se hará desincrustación enérgica del suelo y paredes.
c) Se utilizarán estropajos y cepillos de cerdas duras para el suelo.
d) Todas son correctas.

**32. ¿Con qué bayeta se desinfectarán los colchones tras el alta de un paciente?**

a) Azul.
b) Roja.
c) Amarilla.
d) No se desinfecta con bayeta.

**33. ¿Cuánto tiempo hay que dejar cerrada una habitación tras el alta?**

a) 1 hora.
b) 5 horas.
c) 15 horas.
d) No es necesario dejarla cerrada un tiempo.

**34. ¿Cuánto tiempo hay que dejar cerrada una habitación tras el alta de pacientes con tuberculosis pulmonar?**

a) 1 hora.
b) 5 horas.
c) 15 horas.
d) No es necesario dejarla cerrada un tiempo.

**35. Al hacer la cama tras el alta del paciente, ¿qué parte se cambiará?**

a) Sábana.
b) Funda protectora de colchón.
c) Almohada.
d) Se cambiarán todas ellas.

**36. ¿Qué se hará con el colchón tras el alta del paciente?**

a) Cambiar por otro.
b) Limpiar y desinfectar.
c) Desechar.
d) Nada.

**37. ¿Cuánto medirá como mínimo la manguera de la ducha de una habitación de hospital?**

a) 1,33 m.
b) 1,53 m.
c) 1,83 m.
d) 2 m.

**38. Las áreas administrativas en general disponen de:**

a) Ordenadores.
b) Fotocopiadoras.
c) Fax.
d) Todas son correctas.

**39. La eliminación de polvo en mobiliario:**

a) Se realizará empezando por los más altos y trabajando de arriba hacia abajo.
b) Se utilizará bayeta con producto capta-polvo.
c) No es importante el método de trabajo.
d) Son correctas la a) y la b).

**40. Las sillas tapizadas:**

a) Se deberán aspirar.
b) Se limpiarán con bayeta y producto capta-polvo.
c) Se quitarán las manchas con espuma seca.
d) Son correctas la a) y la c).

**41. Las sillas de piel o cuero:**

a) Se utilizará champú para su limpieza.
b) El polvo se eliminará con bayeta y producto capta-polvo.

c) De vez en cuando se deberá nutrir con crema incolora.
d) Son correctas la b) y la c).

**42. Las sillas tapizadas:**

a) Se deberán aspirar.
b) Se limpiaran con bayeta y producto capta-polvo.
c) Se quitarán las manchas con espuma seca.
d) Son correctas la a) y la c).

**43. La limpieza de las sillas tapizadas se realizará:**

a) Diariamente.
b) Cada tres días.
c) Semanalmente.
d) Quincenalmente.

**44. ¿Cómo se limpiarán los archivos de oficina?**

a) Se limpiarán como el mobiliario lavable.
b) Se limpiarán como el mobiliario no lavable.
c) Se limpiarán diariamente.
d) Todas son correctas.

**45. Un limpiador de oficinas necesitará, generalmente, tres bayetas, para:**

a) Muebles lavables, muebles no lavables y tapicerías.
b) Cristales, madera y otros materiales.
c) Muebles lavables, muebles no lavables y otros elementos (por ejemplo, ceniceros).
d) La primera para mojar, la segunda para secar y la tercera para abrillantar.

**46. El mop-sec que se usa para barrer entre muebles debe tener un ancho de:**

a) 30 cm.
b) 1 m.
c) 75 cm.
d) 45 cm.

**47. ¿Qué tipos de suciedad es el cemento?**

a) Grasa.
b) Mineral.
c) Procedente de partículas que se desprenden del cuerpo.
d) Óxido.

**48. ¿Con qué producto se elimina la grasa?**

a) No tiene importancia la acidez.
b) Ácido.
c) Alcalino.
d) Neutro o ligeramente alcalino.

**49. ¿Con qué producto se elimina la suciedad mineral?**

a) Ácido.
b) Básico.
c) Neutro.
d) Lejía.

**50. ¿Qué operación es correcta en la limpieza de aseos?**

a) Se deberá aplicar después de la limpieza, si es necesario, lejía en una concentración al 2 %.
b) Se deberá aplicar después de la limpieza, si es necesario, peróxido de hidrógeno en una concentración al 2 %.
c) a) Se deberá aplicar después de la limpieza, si es necesario, lejía en una concentración al 12 %.
d) Todas son correctas.

**51. De los elementos del cuarto de baño, ¿cuál se limpiará en último lugar?**

a) Lavabo.
b) Bidé.
c) Bañera.
d) Inodoro.

**52. ¿Para qué sirve la escobilla?**

a) Para barrer.
b) Para frotar por dentro el lavabo.
c) Para frotar por dentro el inodoro.
d) Para frotar por dentro y por fuera el inodoro.

**53. ¿Qué producto se utilizará para fregar el suelo del baño?**

a) Detergente ácido.
b) Jabón.
c) Abrillantador.
d) Detergente-desinfectante.

# Solución al test n.º 7

**1.** d) Son correctas las respuestas b) y c).

**2.** a) Sistemas de iluminación de la cabecera de la cama.

**3.** d) Las manillas de las puertas.

**4.** c) A fondo.

**5.** b) 90 cm.

**6.** c) 215 cm.

**7.** a) Gancho de suspensión en el techo, para pesos de hasta 60 kg.

**8.** d) Los accesorios de la cama (barandillas, incorporadores, goteros y arcos balcánicos) se deberán hallar siempre en la habitación del paciente para su inmediata aplicación cuando sean necesarios.

**9.** c) Habrá un armario con cerradura, para la ropa y objetos de valor del paciente.

**10.** c) 1,53 cm.

**11.** d) Generalmente, incluyen un asiento de baño plegable.

**12.** a) 86 cm.

**13.** b) La toma de oxígeno.

**14.** b) Evitar que se ventile la habitación.

**15.** a) La cama.

**16.** c) Depende del protocolo del hospital, no existiendo un criterio estándar.

**17.** d) Desmontaje de rejillas del aire y limpieza.

**18.** d) Podrá realizarse en presencia de los pacientes, tomando precauciones.

**19.** a) Limpieza de cristales.

**20.** d) Todas las respuestas son correctas.

**21.** d) 60 kg.

**22.** b) 90.

**23.** d) Todas las respuestas son correctas.

**24.** a) Construida a ras de suelo para favorecer el acceso de pacientes.

**25.** a) Se efectuará limpieza de las áreas de cortinas que resulten manchadas. En ningún caso se desmontarán para enviarlas a lavar.

**26.** d) Fines de semana y festivos.

**27.** b) Reposición de material.

**28.** c) Limpieza de interior de armarios.

**29.** d) Todas las respuestas son correctas.

**30.** b) Cuando el paciente está ausente.

**31.** d) Todas son correctas.

**32** a) Azul.

**33.** d) No es necesario dejarla cerrada un tiempo.

**34.** a) 1 hora.

**35.** d) Se cambiarán todas ellas.

**36.** b) Limpiar y desinfectar.

**37.** b) 1,53 m.

**38.** d) Todas son correctas.

**39.** d) Son correctas la a) y la b).

**40.** d) Son correctas la a) y la c).

**41.** d) Son correctas la b) y la c).

**42.** d) Son correctas la a) y la c).

**43.** d) Quincenalmente.

**44.** a) Se limpiarán como el mobiliario lavable.

**45.** c) Muebles lavables, muebles no lavables y otros elementos (por ejemplo, ceniceros).

**46.** d) 45 cm.

**47.** b) Mineral.

**48.** d) Neutro o ligeramente alcalino.

**49.** a) Ácido.

**50.** a) Se deberá aplicar después de la limpieza, si es necesario, lejía en una concentración al 2 %.

**51.** d) Inodoro.

**52.** c) Para frotar por dentro el inodoro.

**53.** d) Detergente-desinfectante.

# TEST N.º 8

**Preparación, montaje, servicio y recogida de comedores.
Disposición de cubertería, vajilla y cristalería**

**1. ¿Cuál es la fase de preparación del comedor?**

a) Mise en place.
b) Montaje de mesas.
c) Repaso de materiales.
d) Todas las anteriores.

**2. ¿Qué característica no tendrán las puertas que separan la cocina y el comedor?**

a) Abatibles.
b) Herméticas.
c) Con ventanilla tipo ojo de buey.
d) Fáciles de abrir.

**3. ¿Qué desventaja tienen las mesas rectangulares para los comensales?**

a) Caben más comensales
b) Las mesas muy largas reducen las posibilidades de comunicación entre los comensales.
c) Hay menos espacio entre comensales.
d) Dificulta el servicio.

**4. ¿Dónde se apoyaría par descorchar un vino?**

a) En la mesa del comensal.
b) En el aparador.
c) En la cubitera, si se trata de un vino que hay que mantener en hielo.
d) En un cestillo.

**5. ¿Cuál es la función del carro caliente?**

a) Cocer.
b) Recalentar la comida.

c) Mantener la temperatura del alimento.
d) Todas las respuestas son correctas.

**6. ¿Qué aparato sirve para calentar un plato antes de emplatar la comida?**

a) Mesa caliente.
b) Calientaplatos.
c) Baño María.
d) Salamandra.

**7. ¿De qué material es el muletón?**

a) Textil.
b) Metal.
c) Plástico.
d) Las opciones a) y b) son correctas.

**8. ¿Qué forma tiene generalmente la servilleta?**

a) Rectangular.
b) Triangular.
c) Cuadrada.
d) No tiene forma definida.

**9. ¿Para qué elaboración se utiliza el plato hondo?**

a) Patatas fritas.
b) Sopa.
c) Tarta.
d) Paella.

**10. ¿Qué cuchara es más pequeña?**

a) Sopera.
b) Postre.
c) Servicio.
d) Moka.

**11. Según el protocolo, para el servicio de comedores, ¿cuál de estos elementos se cubre con un mantel o similar?**

a) Mesa.
b) Gueridon.
c) Entrepaños del aparador.
d) Todas las respuestas son correctas.

**12. En un banquete, ¿dónde se coloca la copa de vino?**

a) A la derecha de la de agua.
b) A la izquierda de la de agua.
c) A la derecha de la de cava.
d) Junto al vaso de agua.

**13. ¿Cómo se debe servir el pan en la mesa?**

a) Con la mano.
b) Con pinchas.
c) En cestillo.
d) Las respuestas b) y c) son correctas.

**14. ¿Cuándo se desbarasa el primer plato?**

a) Antes del servicio del postre.
b) Después del servicio del segundo plato.
c) Antes del servicio del segundo plato.
d) A la vez que se sirve el segundo plato.

**15. ¿Cómo se llama el mueble donde colocar el material necesario para el montaje de las mesas y el servicio de las comidas en un comedor?**

a) Bastidor.
b) Alacena.
c) Aparador.
d) Platero.

**16. ¿Cómo se denomina la pieza gruesa de felpa o algodón normalmente, o con otra composición similar que resulte absorbente?**

a) Mantel.
b) Lito.
c) Muletón.
d) Chuletón.

**17. ¿Qué ventajas tiene el emplatado en cocina?**

a) Más rapidez.
b) Controlar mejor el racionado.
c) Mantenimiento de la temperatura del alimento.
d) Todas las respuestas son correctas.

**18. ¿Sobre cuanto grados se ha de servir el vino rosado?**

a) 8 ºC.
b) 10 ºC.
c) 12 ºC.
d) 15 ºC.

**19. ¿En qué tipos de platos no se puede usar campana al sacar la elaboración al comedor?**

a) fritos.
b) Asados.
c) Platos calientes.
d) En todos ellos.

**20. ¿Cuántas raciones puede contener cada plato?**

a) Una sola.
b) Dos.
c) Tres.
d) Hasta 20.

**21. Señale cuál de las siguientes formas de colocar los cubiertos está equivocada:**

a) Se colocan dos tenedores en la parte izquierda del plato, con las puntas hacia arriba.
b) El cuchillo y la pala de pescado se colocan a la derecha del plato, el cuchillo con el filo hacia fuera.
c) La cuchara se coloca a la derecha de los cuchillos.
d) Los cubiertos de postre se colocan entre las copas y el plato. El tenedor estará más cercano al plato y con el mango hacia la izquierda, la cuchara estará a continuación del tenedor pero con el mango hacia la derecha.

**22. Para comer espaguetis, ¿qué cubertería utilizaría?**

a) Tenedor trinchero a la derecha, exclusivamente.
b) Tenedor fondue a la derecha y cuchara postre a la izquierda.
c) Tenedor fondue a la derecha y cuchara sopera a la izquierda.
d) Tenedor trinchero a la derecha y cuchara sopera a la izquierda.

**23. El plato para ensalada tiene forma:**

a) Triangular.
b) Circular.
c) De media luna.
d) Pentagonal.

**24. ¿Cómo se llama también el plato trinchero?**

a) Plato hondo.
b) Plato llano.
c) Plato de postre.
d) Plato de pan.

**25. ¿Cómo se denomina el recipiente de pequeño tamaño, que cuenta con un asa, y se usa para el servicio de salsas con ayuda de un cacillo?**

a) Marmitero.
b) Legumbrera.
c) Salsera.
d) Sopera.

**26. ¿Qué es una cona?**

a) Es un tipo de cafetera.
b) Es un tipo de lechera.
c) Es un tipo de salsera.
d) Es un tipo de sopera.

**27. ¿Qué cubierto de estos es de uso individual?**

a) Cucharón.
b) Cazo.
c) Tenedor trinchero.
d) Palas.

**28. ¿Qué tenedor tiene pequeño tamaño con dos púas?**

a) Tenedor de fondue.
b) Tenedor de pescado.
c) Tenedor de ostras.
d) Tenedor de caracoles.

**29. ¿Qué cubierto es aquel en forma de cazo de pequeño tamaño, con un rebaje en un extremo, para el servicio de salsas desde una salsera?**

a) Cazoleto.
b) Palas.
c) Cacillo salsero.
d) Cazuela de salsas.

**30. ¿Qué cubierto del servicio ayuda al servicio de porciones sólidas?**

a) Palas.
b) Cacillo salsero.
c) Pinzas de consomé.
d) Cazo.

**31. ¿Qué tipo de cristalería se emplea para el servicio de agua, y debe disponer de un asa para facilitar su servicio?**

a) Bol.
b) Vaso de agua.
c) Jarra.
d) Jarrete.

**32. Respecto al repaso de la vajilla durante el "mise en place", todo lo que se expone es cierto, excepto que:**

a) Para repasar los platos, fuentes y otros elementos de la vajilla se requiere la ayuda de un paño limpio.
b) En ocasiones, si la pieza de vajilla a repasar es de tamaño grande se requieren dos paños limpios.
c) Los platos, fuentes y otros elementos de la vajilla se repasarán por ambos lados.
d) La vajilla nunca se repasa durante el "mise en place", sino al final de jornada.

**33. ¿Qué útiles del servicio sirven para cubrir platos o fuentes con comida para su servicio?**

a) Fuentes.
b) Bandejas.
c) Campanas.
d) Mesitas.

**34. ¿Cuál es el número máximo de comensales que se deben sentar en una mesa redonda?**

a) 3.
b) 5.
c) 10.
d) 15.

**35. ¿Qué es el aparador?**

a) Mesa auxiliar que se utiliza como apoyo a determinadas tareas de servicio.
b) Mueble donde colocar el material necesario para el montaje de las mesas y el servicio de las comidas.

c) Elemento móvil de apoyo al servicio.
d) Carro para presentar la oferta en comedor.

**36. ¿Cuál de estos equipos servirá para mantener la comida caliente hasta su servicio?**

a) Carro caliente.
b) Calientaplatos.
c) Rechaud.
d) Sauté.

**37. ¿Dónde se coloca el muletón?**

a) Sobre el mantel.
b) Sobre el cubremantel.
c) Bajo la mesa.
d) Bajo el mantel.

**38. ¿Qué utilidad tiene el lito?**

a) Evitar que el comensal se manche durante la comida.
b) Apoyo al camarero durante el servicio.
c) Secar los platos.
d) Proteger la mesa.

**39. ¿Qué plato puede tener forma de media luna?**

a) La rabanera.
b) El plato de postre.
c) El plato de ensalada.
d) Ninguno de ellos.

**40. ¿Dónde se sirve el consomé?**

a) En plato sopero.
b) En taza.
c) En vaso.
d) Las respuestas a) y b) son correctas.

**41. ¿Para qué se usa la mesa caliente?**

a) Para elaborar platos calientes.
b) Para elaborar platos fríos.
c) Para mantener los platos calientes antes del servicio.
d) Para mantener los platos fríos antes del servicio.

**42. ¿Qué es el diapasón?**

a) Tenedor de trinchar.
b) Tenedor de ostras.
c) Tenedor de madera.
d) Una pala para el servicio de porciones.

**43. ¿Para qué bebida se utiliza la copa tipo Burdeos?**

a) Agua.
b) Vino.
c) Cerveza.
d) Licor.

**44. ¿Qué tareas forman parte de la mise en place?**

a) Repaso del material.
b) Preparación del aparador.
c) Montaje de mesas.
d) Todas las respuestas son correctas.

**45. ¿Qué se utiliza para el repaso de la cristalería?**

a) Un paño seco.
b) Vapor de agua.
c) Agua y jabón.
d) Limpiacristales.

**46. ¿Cómo se viste la mesa?**

a) Se coloca el muletón para proteger la mesa, a continuación el mantel que quede justo al borde de la mesa y por último el cubremantel que será del mismo tamaño.
b) Se coloca el mantel, luego el muletón y por último el cubremantel que protegerá a los otros de las manchas.
c) Se coloca el muletón, encima el mantel de manera que los picos caigan sobre las patas de la mesa, y sobre éste el cubremantel de tamaño más pequeño que el mantel.
d) Sólo es necesario poner el muletón y el cubremantel.

**47. ¿Dónde se coloca el plato del pan?**

a) A la izquierda del plato base.
b) A la derecha del plato base.
c) Encima del plato base.
d) Debajo del plato base.

**48. Como norma general, ¿a qué lado del plato base se coloca el tenedor trinchero?**

a) A la izquierda.
b) A la derecha.
c) Delante del plato y en horizontal.
d) Siempre.

**49. ¿Dónde se coloca la copa de agua?**

a) Centrada delante del plato.
b) A la derecha de la copa de vino tinto.
c) A la derecha de la copa de vino blanco.
d) Entre las copas de vino tinto y blanco.

**50. ¿A quién se servirá primero según el protocolo?**

a) A las señoras.
b) A los jóvenes.
c) Al caballero.
d) Al anfitrión.

**51. ¿Dónde anota el camarero los platos solicitados por cada comensal?**

a) En la carta.
b) En cualquier libreta.
c) En la comanda.
d) En la mano.

**52. ¿Qué se debe servir primero?**

a) La bebida.
b) La ensalada.
c) El pan.
d) El primer plato.

**53. ¿Por qué lado del comensal se pasa la comida emplatada?**

a) Por la derecha.
b) Por la izquierda.
c) Desde en frente.
d) Depende de la elaboración de que se trate.

**54. ¿Qué diferencia hay entre el servicio a la inglesa y el servicio a la francesa?**

a) El servicio a la inglesa se realiza con pinzas y el servicio a la francesa no.
b) El servicio a la inglesa es de fuente a plato y el servicio a la francesa no.

c) En el servicio a la inglesa en camarero sirve la comida en el plato y en el servicio a la francesa es el comensal quien lo hace.

d) El servicio a la inglesa es emplatado y el servicio a la francesa no.

**55. ¿Qué es desbarasar?**

a) Retirar de la mesa todos los elementos que han sido usados por el comensal.

b) Marcar cubiertos para un segundo plato.

c) Retirar la bandeja con la comida sobrante en un servicio a la inglesa.

d) Acumular los residuos en el aparador.

**56. ¿Cuántas personas pueden formar la presidencia en un banquete?**

a) Una o varias.

b) Siempre un número impar.

c) Siempre un número par.

d) En una mesa imperial todos los comensales forman la presidencia.

**57. ¿Cuál de estos platos no forma parte del desayuno continental?**

a) Zumo.

b) Café.

c) Bollería.

d) Huevos con bacón.

**58. ¿Qué especialidad tiene el sumiller?**

a) Servicio de postres.

b) Toma de comanda.

c) Servicio de vinos.

d) Atención en banquetes.

**59. ¿Cómo se denomina el servicio en el que los camareros pasan con bandejas ofreciendo comida y bebida?**

a) Buffet.

b) Cóctel.

c) Catering.

d) Autoservicio.

**60. ¿Qué caracteriza al buffet?**

a) Variedad de platos.

b) Manteles largos.

c) Los comensales están de pie.
d) Las opciones a) y b) son correctas.

**61. ¿Dónde se ordenará y guardará la lencería del comedor?**

a) En el gueridón.
b) En los carros.
c) En la alacena.
d) En el aparador.

**62. ¿Cómo se denomina la mesa auxiliar con ruedas que se utiliza como apoyo para algunos tipos de servicios?**

a) El gueridón.
b) Los carros.
c) La alacena.
d) El aparador.

**63. ¿Qué es lo primero que se coloca en el montaje de mesas?**

a) La vajilla.
b) La cubertería.
c) La lencería.
d) Las copas.

**64. ¿Cómo se denomina la técnica que se aplica para colocar el mantel en la mesa del comedor?**

a) *Mettre la nappe.*
b) Tirar el mantel.
c) Centrar el mantel.
d) No existe una técnica para colocar el mantel.

**65. La servilleta se colocará:**

a) Sobre el plato o a su lado, una vez que se haya colocado el resto de componentes (vajilla, cristalería y cubertería).
b) Sobre el plato, antes de que se haya colocado el resto de componentes (vajilla, cristalería y cubertería).
c) Al lado del plato, antes de que se haya colocado el resto de componentes (vajilla, cristalería y cubertería).
d) En el centro de la mesa, una vez que se haya colocado el resto de componentes (vajilla, cristalería y cubertería).

**66. ¿Qué elemento de la lencería se coloca el último?**

a) El muletón.
b) El mantel.
c) El cubremantel.
d) Las servilletas.

**67. En la mesa, ¿a qué distancia se situarán los platos como mínimo unos de otros?**

a) A 20 cm.
b) A 40 cm.
c) A 60 cm.
d) A 75 cm.

**68. ¿Dónde se colocará el plato hondo?**

a) Encima del portaplatos.
b) Encima del plato llano.
c) Debajo del plato llano.
d) Encima del plato de pan.

**69. Los cubiertos de postre se colocan:**

a) Entre las copas y el plato.
b) Entre la cuchara y el cuchillo.
c) Entre los tenedores.
d) Entre el cuchillo y la copa.

**70. ¿Dónde se colocará la copa de agua?**

a) Centrada, delante del plato.
b) Centrada, a la derecha del plato.
c) Centrada, a la izquierda del plato.
d) A la izquierda del plato.

**71. ¿Cómo será el servicio de menú cuando el comensal puede elegir entre los platos que componen la carta?**

a) Servicio de banquetes.
b) Servicio de menú a la carta.
c) Servicio de menú concertado.
d) Servicio de bodas.

**72. ¿Qué indica la letra P en una mesa de banquete?**

a) Persona.
b) Plato primero.

c) Presidencia.
d) Plato principal.

**73. ¿Cómo se llama la mesa que tiene un lugar destinado a la presidencia, y dos brazos para el resto de comensales, pudiendo admitir a un número máximo de 50 comensales?**

a) Mesa en forma de E.
b) Mesa en forma de P.
c) Mesa en forma de U.
d) Mesa en forma de T.

**74. Señala la respuesta correcta respecto de la colocación de una mesa:**

a) El plato del pan se colocará a la izquierda del plato llano, a la altura de las copas o vasos.
b) Los tenedores se colocarán en la parte izquierda del plato, con las puntas hacia abajo.
c) Los cuchillos se colocarán a la derecha del plato con el filo hacia fuera.
d) La cuchara se colocará a la izquierda de los cuchillos siempre.

**75. En la composición inicial de una mesa, al disponer los cubiertos de postre, consistentes en cucharilla, tenedor y cuchillo de postre:**

a) La cucharilla, el tenedor y el cuchillo se dispondrán inicialmente con el mango hacia la derecha.
b) La cucharilla, el tenedor y el cuchillo se dispondrán inicialmente con el mango hacia la izquierda.
c) La cucharilla y el cuchillo se dispondrán inicialmente con el mago hacia la derecha, y el tenedor con el mango hacia la izquierda.
d) La cucharilla y el tenedor se dispondrán inicialmente con el mango hacia la izquierda, y el cuchillo con el mango hacia la derecha.

# Solución al test n.º 8

**1.** a) Mise en place.

**2.** b) Herméticas.

**3.** b) Las mesas muy largas reducen las posibilidades de comunicación entre los comensales.

**4.** En la cubitera, si se trata de un vino que hay que mantener en hielo.

**5.** c) Mantener la temperatura del alimento.

**6.** b) Calientaplatos.

**7.** a) Textil.

**8.** c) Cuadrada.

**9.** b) Sopa.

**10.** d) Moka.

**11.** d) Todas las respuestas son correctas.

**12.** a) A la derecha de la de agua.

**13.** d) Las respuestas b) y c) son correctas.

**14.** c) Antes del servicio del segundo plato.

**15.** c) Aparador.

**16.** c) Muletón.

**17.** d) Todas las respuestas son correctas.

**18.** b) 10 ºC.

**19.** a) Fritos.

**20.** a) Una sola.

**21.** b) El cuchillo y la pala de pescado se colocan a la derecha del plato, el cuchillo con el filo hacia fuera.

**22.** d) Tenedor trinchero a la derecha y cuchara sopera a la izquierda.

**23.** c) De media luna.

**24.** b) Plato llano.

**25.** c) Salsera.

**26.** a) Es un tipo de cafetera.

**27.** c) Tenedor trinchero.

**28.** d) Tenedor de caracoles.

**29.** c) Cacillo salsero.

**30.** a) Palas.

**31.** c) Jarra.

**32.** d) La vajilla nunca se repasa durante el "mise en place", sino al final de jornada.

**33.** c) Campanas.

**34.** c) 10.

**35.** b) Mueble donde colocar el material necesario para el montaje de las mesas y el servicio de las comidas.

**36.** a) Carro caliente.

**37.** d) Bajo el mantel.

**38.** b) Apoyo al camarero durante el servicio.

**39.** c) El plato de ensalada.

**40.** d) Las respuestas a) y b) son correctas.

**41.** c) Para mantener los platos calientes antes del servicio.

**42.** a) Tenedor de trinchar.

**43.** b) Vino.

**44.** d) Todas las respuestas son correctas.

**45.** b) Vapor de agua.

**46.** c) Se coloca el muletón, encima el mantel de manera que los picos caigan sobre las patas de la mesa, y sobre éste el cubremantel de tamaño más pequeño que el mantel.

**47.** a) A la izquierda del plato base.

**48.** a) A la izquierda.

**49.** a) Centrada delante del plato.

**50.** a) A las señoras.

**51.** c) En la comanda.

**52.** c) El pan.

**53.** a) Por la derecha.

**54.** c) En el servicio a la inglesa en camarero sirve la comida en el plato y en el servicio a la francesa es el comensal quien lo hace.

**55.** a) Retirar de la mesa todos los elementos que han sido usados por el comensal.

**56.** a) Una o varias.

**57.** d) Huevos con bacón.

**58.** c) Servicio de vinos.

**59.** b) Cóctel.

**60.** d) Las opciones a) y b) son correctas.

**61.** d) En el aparador.

**62.** a) El gueridón.

**63.** c) La lencería.

**64.** b) Tirar el mantel.

**65.** a) Sobre el plato o a su lado, una vez que se haya colocado el resto de componentes (vajilla, cristalería y cubertería).

**66.** d) Las servilletas.

**67.** c) A 60 cm.

**68.** b) Encima del plato llano.

**69.** a) Entre las copas y el plato.

**70.** a) Centrada, delante del plato.

**71.** b) Servicio de menú a la carta.

**72.** c) Presidencia.

**73.** c) Mesa en forma de U.

**74.** a) El plato del pan se colocará a la izquierda del plato llano, a la altura de las copas o vasos.

**75.** c) La cucharilla y el cuchillo se dispondrán inicialmente con el mago hacia la derecha, y el tenedor con el mango hacia la izquierda.